BREVES
CUENTOS
HISPANOS

THE SCRIBNER SPANISH SERIES
General Editor, Carlos A. Solé
The University of Texas at Austin

BREVES CUENTOS HISPANOS

Thomas E. Kooreman
Olga Muvdi Kooreman

Butler University

A Scribner/Macmillan Book
New York

Macmillan Publishing Company
866 Third Avenue, New York, New York 10022

Library of Congress Cataloging in Publication Data
Main entry under title:

Breves cuentos hispanos.

(The Scribner Spanish series)
  1. Spanish language—Readers. I. Kooreman, Thomas E.
II. Kooreman, Olga Muvdi. III. Series.
PC4117.B728 1986   468.6'421   85-22083
ISBN 0-02-366170-4

ACKNOWLEDGMENTS

Thanks and recognition are given to the authors, agencies, and individuals who
so graciously gave their permission to reprint the stories included in this anthology.

JOSÉ RUBÉN ROMERO, "Una limosna," in *Cuentos y poemas inéditos* con estudio y bibliografía
    selecta por William O. Cord (México: Studium, 1964), by permission of William O.
    Cord.

GABRIEL GARCÍA MÁRQUEZ, "Un día de éstos," in *Los funerales de la Mamá Grande,* © Gabriel
    García Márquez, 1962, by permission of Agencia Literaria Carmen Balcells, Barcelona.

CAMILO JOSÉ CELA, "Un invento del joven del principal," in *Obra completa,* © Camilo José
    Cela, by permission of Agencia Literaria Carmen Balcells, Barcelona.

MANUEL ZAPATA OLIVELLA, "Venganza campesina," in *Cuentos de muerte y libertad,* by per-
    mission of the author.

AMPARO DÁVILA, "El huésped," in *Tiempo destrozado y música concreta,* by permission of
    Fondo de Cultura Económica, Mexico.

JORGE LUIS BORGES, "El fin," in *Ficciones,* by permission of Emecé Editores, S. A., Buenos
    Aires.

VICENTE BLASCO IBÁÑEZ, "La pared," in *Obras completas,* by permission of Gloria Llorca
    Blasco-Ibáñez on behalf of the author's family and heirs.

CARMEN LAFORET, "Rosamunda," in *La niña y otros relatos,* © Carmen Laforet, 1970, by
    permission of Agencia Literaria Carmen Balcells, Barcelona.

Although the following stories were found to be in the public domain, grateful
acknowledgement is given to those who helped in securing that information.

RICARDO PALMA, "Contra pereza, diligencia," in *Tradiciones peruanas completas,* with the
    assistance of Aguilar, S. A. de Ediciones, Madrid.

ROBERTO J. PAYRÓ, "En la policía," in *Pago Chico y nuevos cuentos de Pago Chico,* with the
    assistance of Editorial Losada, S. A., Buenos Aires.

Printing: 1 2 3 4 5 6 7 8   Year: 6 7 8 9 0 1 2 3 4 5
ISBN 0-02-366170-4

PREFACE

The ten stories in this collection have been selected for reading at the end of the first year or in second-year Spanish courses. Therefore, we have made every effort to choose brief, interesting stories with strong plot lines that can be read and discussed in one to three class periods. When used in conjunction with the accompanying exercises, we feel that they will meet the objectives of expanding vocabulary, increasing use of the language, and deepening cultural and literary insight.

Although not our primary criterion, we have included stories by authors from throughout the Spanish-speaking world, some well known and others who will be new to the classroom. From Mexico, José Rubén Romero and Amparo Dávila represent, respectively, the early and late twentieth century. A regional tale by Blasco Ibáñez appears with the more universal stories of two other well-known Spanish authors, Carmen Laforet and Camilo José Cela. The story by the Peruvian Ricardo Palma is a classic example of his unique style, which brings together a rich mixture of colloquial language and popular legend. Jorge Luis Borges, generally looked upon as the *maestro* of the contemporary cosmopolitan trend in Spanish American fiction, offers a story with a Gauchesque backdrop not unlike the setting of "En la policía" by his fellow Argentine Roberto J. Payró. Finally, the two contemporary Colombian authors, Manuel Zapata Olivella and Gabriel García Márquez, show a similarity in their use of small-town characters to introduce some typical sociopolitical problems of Spanish America.

It is our belief that classroom time should be dedicated primarily to using the language actively, especially at the intermediate level. Therefore, we have included a rather extensive essay on techniques for reading a foreign language, with the aim of helping students to read and comprehend the stories before coming to class. Although some class time will always be used for resolving problems in reading comprehension, we hope that this approach will make more time available for oral practice in the language based on the *Preguntas* and *Discusión y opiniones* sections of the exercises. We suggest that some of these questions also be used as topics for written compositions.

The *Comprensión inmediata* exercises that appear after each story are meant to be used as a quick and immediate self-check on reading comprehension. The remaining exercises, called *Ejercicios de vocabulario* and *Repaso gramatical,* offer a means for increasing the acquisition of new vocabulary and reinforcing certain verb tenses and structures that need regular review. The latter have been purposely presented without long grammatical explanations, since we believe that each group of students is unique and that the teacher can best decide how much explanation of grammar is needed.

In general we have tried to follow a philosophy of offering variety and flexibility in the preparation of our pedagogical apparatus so that the book can be easily adapted to the individual teacher's approach, be it traditional, oral, or eclectic.

Preparation of a textbook is a group effort, and recognition is due to many people for their assistance. We especially wish to thank Helen McInnis of Macmillan, and Professor Carlos A. Solé of the University of Texas, who patiently offered invaluable advice throughout the preparation of the manuscript. Also, we wish to thank Mary Jane Peluso, our editor, and Janice Marie Johnson, our production supervisor, for their work and guidance in editing the manuscript and determining layout and style. Finally, the support and counsel of Professors Florence Jessup and Irving Fine, our colleagues in the Department of Modern Foreign Languages at Butler University, are most appreciated. Many others have contributed to the success of this endeavor, especially the authors, heirs, and copyright holders who have so graciously given their permission to reproduce the stories included here. If errors have found their way into the text, as they inevitably do, they are ours, and we alone bear the responsibility for them.

T.E.K.
O.M.K.

CONTENTS

BREVES
CUENTOS
HISPANOS

HOW TO READ
A FOREIGN LANGUAGE

Reading a foreign language presents the intermediate student with two fundamental problems: learning to infer meaning from a text and developing an efficient method for preparing the reading lesson.

Although most of us do not realize it, inference is the primary way we understand new words as we read in our native language. Normally, we infer meaning unconsciously because the number of new words in our native tongue is relatively small. In a foreign language, however, the presence of new words becomes dramatically emphasized by their increased number. Therefore, the reader must become more aware of the techniques of inference so that he will not waste his time and energies in the misguided use of vocabulary lists or the dictionary.

Most beginners, upon encountering a new word, rush immediately to their vocabulary, select the first native equivalent given, and promptly write it between the lines of the foreign text. This is precisely the wrong procedure to use if one wishes to read a foreign language with a feeling of accomplishment and pleasure.

If we take proper advantage of the techniques of inference, we will not consider using the vocabulary except as a last resort. To infer meaning as we read simply means to make logical guesses about the meanings of new words. We can make these guesses because the text itself helps us, broadly speaking, in three ways: the general context of the unknown words gives us information as to their meanings; the grammar provides more information; and the words themselves offer many clues if we examine them with care.

Our understanding of the general context is a major guide to the meanings of new words. For example, material preceding or following a new word may explain its meaning, or our own general knowledge of the theme may help us to guess its meaning accurately because we already know what the material is about. The following quotation from

1

Dylan Thomas clearly illustrates how meaning is derived from the general context: "If you can call it a story. There's no real beginning or end and there's very little in the middle. It is all about a day's outing, by charabanc, to Porthcawl, which, of course, the charabanc never reached, and it happened when I was so high and much nicer."[1]

Many readers will not recognize the word "charabanc," but there are clues given before and after it which help one to infer its meaning. The clause preceding the word tells us that the story deals with an outing. An outing implies going somewhere, and indeed, this concept is strengthened by the following prepositional phrase, "to Porthcawl," obviously a destination. The succeeding clause adds strength to this idea by telling us that the charabanc never reached Porthcawl. The reader concludes that a charabanc is something people use on an outing in order to reach a destination; i.e., a vehicle. Although the reader does not know precisely what kind of vehicle it is, he has sufficient information to continue reading uninterruptedly.

In a more subtle way, we infer meaning from the grammar of the material. Professor Freeman Twaddell poses the first two lines of Lewis Carroll's "Jabberwocky" as a vivid example of this technique. "Twas brillig, and the slithy toves / Did gyre and gimble in the wabe." He points out that "it is highly probable that *toves* and *wabe* are nouns, *gyre* and *gimble* are verbs, *slithy* is an adjective, and *brillig* is either an adjective like 'chilly' or a noun like 'autumn'—all this without any help from the meaning of the words themselves."[2] In such an extreme case we can do little more, however, since all the words are unfamiliar. On the other hand, Professor Twaddell asks us to consider a modification of his original example which includes only one of Carroll's nonsense words: " 'Twas evening, and the eager toves / Did dart and chatter in the sky. We don't quite know what *toves* are," he explains, "but they are probably some kinds of bats or birds; and probably the next sentence or two will yield enough extra information to reduce the vagueness to one or the other interpretation."[3]

Finally, words themselves offer many clues to their meanings. A person already knows his own language and may have studied other foreign languages. This previous knowledge helps the reader to recognize cognates, words that look alike and have the same meaning in both lan-

---

[1] Dylan Thomas, "A Story," *Modern Short Stories*, ed. Arthur Mizener, rev. ed. (New York: W. W. Norton, 1967), p. 129.

[2] Freeman Twaddell, "Foreign Language Instruction at the Second Level," *Teacher's Manual: Español: Hablar y Leer*, by Gregory G. LaGrone, Andrea Sendón McHenry, and Patricia O'Connor (New York: Holt, Rinehart and Winston, 1963), p. 13.

[3] Ibid., p. 15.

guages. Another clue may come from root words, basic words that are partially hidden by a prefix, a suffix, or a compound. A random passage from the Spaniard Gustavo Adolfo Bécquer shows examples of both cognates and root words: "Por un momento creyó que una mano fría y descarnada le sujetaba en aquel punto con una fuerza invencible."[4] *Momento* and *invencible* are almost exact cognates, each having only one letter that differs from the English. *Punto* and *fuerza* are less recognizable, but one receives considerable help through pronouncing them aloud. *Sujetaba* faintly resembles the English word "subject." Since the ending *-aba* tells us that *sujetaba* is a verb in the past tense, we think of the English "subjected." The word *descarnada* may be the least recognizable in the sentence. Yet, if we realize that *des-* is a prefix which gives negative or opposite force to a word and that *-ada* is the ending used for the past participle when it modifies a feminine noun, we may recognize the root word as *carne* (flesh). One concludes that *descarnada* means "bony."

It would be absurd to suggest that all problems of meaning can be solved through inference. The textbook's vocabulary list must be and should be consulted frequently. The point is to be discriminating and know when inference can no longer help. The following paragraphs develop a practical plan for preparing your reading lesson. It will help you control both inference and the vocabulary to your best advantage.

A four-step procedure is the most frequently recommended method for preparation of the foreign language reading assignment.[5]

First, read a substantial portion of the assignment as you might read a text in your native language, without looking up any words. If the assignment is not too long, two or three pages, read it all in this way. When you have completed the initial reading, try to define and write down the primary theme or topic of the selection. If you can increase your initial statement of theme with a list of more specific subtopics, do so. This should help to orient and direct your more analytical second reading.

Now, reread the assignment carefully. Underline all the unknown words. Guess at their meanings, but not until you have finished reading the sentence in which each appears. This is the point in your preparation where you should use the techniques of inference, outlined in earlier paragraphs.

If guessing the meaning fails, look up the word in the vocabulary and place a dot beside it with your pencil. Do not write its English

[4] Gustavo Adolfo Bécquer, "La Ahorca de Oro," *Spanish Short Stories and Sketches,* ed. William Eade Wilson (New York: Harper & Brothers, 1934), p. 67.

[5] Articles by a number of scholars in the modern languages (Boyd G. Carter, Willis Knapp Jones, William G. Moulton, Donald D. Walsh, and F. R. Whitesell) reflect an almost total consensus as to the efficacy of the method outlined in these paragraphs.

equivalent between the lines of your text or in the margin. This practice will only divert your concentration from the foreign word, the one you want to learn, and make you constantly depend on the English translation.

As you read, you may discover difficult expressions or phrases that you do not understand, even though you know their individual words. Underline them also because they are probably idioms, expressions with special meanings not readily apparent through the words they comprise. Certain passages of several lines in length also may be wholly or partially unclear. If they are, place a vertical line beside them in the margin of your text.

The third step in your preparation is to read the entire assignment again. As you do this, test your recall of the underlined new words. If you cannot remember a word, look it up again and place a second dot by it. If this reading fails to help you decipher the underlined idioms or to clarify the passages marked by a vertical line, mark them a second time. When you go to class, ask your teacher to help you with these difficulties. They will already be marked so that you can direct your teacher immediately to the correct page and line.

Finally, turn immediately to the exercises at the end of the selection and write out your answers to the questionnaire. This will set the facts of plot development more firmly in your mind while reinforcing your overall comprehension of the story.

By following this procedure you will help yourself in several beneficial ways. You will have read each assignment at least three times; you will have made a list of your problem words, those bearing more than one dot; difficult idioms will be highlighted in your text by double underlining; unclear passages will be easily found because they carry two vertical lines in the margin; and your answers to the questionnaire will form a brief résumé of the story's plot. Therefore, reviewing for a test will become more efficient because all new and difficult items will be easy to find whereas easier material will have already been read at least three times. Most important of all, you will have directed your study efforts in a systematic and efficient way that produces useful reading skills and a feeling of personal achievement.

1

UNA LIMOSNA

JOSÉ RUBÉN ROMERO

José Rubén Romero's life (1890–1952) spanned the turbulent years of the great Mexican Revolution. Notwithstanding, the author's literary works have little to do with the violence of that period. Romero came from a small town in the state of Michoacán. His father was a storekeeper, and Romero himself spent several years in the same business. Although he was a very literate man who served his country for many years as consul and ambassador, Romero never lost his love for Michoacán and the folksy ways of the provinces. Indeed, it is the memories of those early small-town days which form much of the material for his works.

In general, Romero's prose is humorous; however, there is an underlying tone of irony and cynicism which reflects his concern for the inequities society seems to force upon so many. His writings include eight collections of poetry and about nine novels. The latter were all written during his mature years and constitute the works for which he is best known. His masterpiece is *La vida inútil de Pito Pérez* (1938), a modern example of the picaresque novel or rogue's tale. Pito Pérez, the town bum, gets to know the seamy side of life as he moves from episode to episode. In spite of artfully deceiving those around him, he cannot avoid becoming the constant victim of a corrupt society and its institutions.

The selection for this anthology, taken from some of Romero's less-known writings, is a simple vignette which depicts an act of innocent generosity. It was probably inspired by a similar event in the author's own childhood.

5

UNA LIMOSNA

—¡Por amor de Dios...[1] una limosna...! —exclama el viejo con insinuante y quejumbrosa voz dirigiéndose a Pepe que corriendo y gritando sale en esos momentos de casa.— ¡Una limosna!

El muchacho se para y poco a poco,[2] con las manos en los bolsillos, va acercándose al pobre anciano, sin dejar de mirarlo,[3] con ojos graves y curiosos, y después le pregunta: —¿Tienes hambre...?[4] ¿No has comido...? Yo voy a comprar dulces con esta moneda que mi padrino me regaló y si vienes conmigo te daré... ¿Vendrás?

El anciano tiende su mano descarnada y vuelve a repetir,[5]— ¡Una limosna por amor de Dios!

—Si vienes te daré dulces que con este centavo compraré y, a la vez, es el único que tengo. Con que, ven. Vamos —dice Pepe al viejo enseñándole su moneda de cobre. Mas después, cual si reflexionase,[6] exclama: —No. Tú estás enfermo. Traes amarrado ese pie y vienes cansado. Espérame aquí que no tardaré en traerte tu parte.

Pepe hace un impulso para emprender la marcha[7] y el sordo y pobre anciano vuelve a repetir:

—¡Una limosna, una limosna!

—¡Ah! —dice Pepe— tal vez el dulce no te agrade o estés enfermo de las muelas. Mamá cuenta que con el dulce duelen. ¿Es cierto?

—Niño, dame una limosna por toda la corte celestial —repite el viejo.

Pepe se pone pensativo,[8] riñendo en su interior rudo combate. Es tan sabroso el dulce, y sobre todo, de los que vende allá, en aquella esquina el tío Paquito. Pero también, ¡es tan miserable la facha del mendigante. Quizá no habrá comido.[9] Por otra parte,[10] recuerda confusamente, que según decía su maestro, es obra de misericordia dar de comer[11] al hambriento.

De pronto[12] pone el centavo en aquella mano flaca y huesosa y arrojando la boina por lo alto,[13] corre juguetón a su casa sintiendo

---

[1] **Por amor de Dios** For the love of God. An expression used by beggars in Spanish-speaking countries when asking for charity.
[2] **poco a poco** little by little.
[3] **sin dejar de mirarlo** without failing to look at him.
[4] **¿Tienes hambre?** Are you hungry?
[5] **vuelve a repetir** repeats again.
[6] **cual si reflexionase** as if he were meditating.

[7] **hace un impulso para emprender la marcha** makes a movement to start walking.
[8] **se pone pensativo** starts to think.
[9] **Quizá no habrá comido** Maybe he hasn't eaten.
[10] **Por otra parte** On the other hand.
[11] **dar de comer** to feed.
[12] **De pronto** Suddenly.
[13] **por lo alto** upward.

en el interior de su alma una cosa agradable y desconocida, mucho más sabrosa que los dulces del tío Paquito, en tanto que[14] el pobre viejo sigue buscando almas caritativas y repitiendo con voz quejumbrosa e insinuante su invariable estribillo:

—¡Una limosna, una limosna, por el amor de Dios...!

EJERCICIOS: Comprensión inmediata

Indicate whether the following statements are true or false according to the story. If a statement is false, explain why and give the correct answer.

1. El anciano le pide al muchacho una limosna.
2. El muchacho no le hace caso y sigue corriendo.
3. El muchacho le pregunta al anciano se tiene sed.
4. El muchacho tiene un centavo solamente.
5. Pepe quiere comprar un lápiz con la moneda.
6. El anciano está muy bien.
7. El anciano oye todo lo que le dice Pepe.
8. Pepe piensa que el anciano está enfermo de las muelas.
9. Dentro de sí Pepe tiene que reñir moralmente.
10. Pepe guardó el centavo en su bolsillo.

A. *Cuestionario*

1. ¿Qué exclama el viejo?
2. ¿A quién se dirige el viejo?
3. ¿Qué le regaló a Pepe su padrino?
4. ¿Qué piensa hacer el niño con su moneda?
5. ¿A qué invita Pepe al anciano?
6. ¿Cuando el anciano no lo acompaña, ¿qué plan le propone Pepe?
7. ¿Por qué el viejo limosnero no le hace caso a Pepe?
8. ¿Cómo es el dulce que vende el tío Paquito?
9. ¿Qué decía el maestro de Pepe?
10. Finalmente, ¿dónde pone Pepe el centavo?
11. ¿Qué siente Pepe en el interior de su alma?

B. *Discusión y opiniones*

1. ¿Qué revela el cuento en relación al país de Pepe?
2. ¿Hay limosneros en la ciudad donde Ud. vive? ¿Por qué los hay? ¿Por qué no los hay?
3. ¿Cómo resolvería Ud. el problema de los limosneros?

---

[14] **en tanto que** while.

4. Si Ud. tuviera la misma edad de Pepe, ¿cómo reaccionaría ante la misma circunstancia?

5. En su opinión, ¿cuál fue la intención del autor al escribir este cuento?

C. *Ejercicios de vocabulario*

Sustantivos

la limosna	alms
la esquina	corner
la facha	looks, aspect
el mendigante	beggar
la misericordia	mercy
el estribillo	refrain

Adjetivos

quejumbroso	complaining
descarnado	bony
amarrado	tied up, bandaged
caritativo	charitable

Verbos

tender	to extend
agradar	to please

Adverbios

quizá	maybe, perhaps

Expresiones

conque	so then
en tanto que	while
acercarse a	to approach
volver a + inf.	again
ponerse	to become
poco a poco	little by little
a la vez	at the same time

1. Taking into account the plot of the story, complete each sentence with the correct word or expression from the preceding list.

a. Pepe es un muchacho _____ .

b. El viejo exclama con una voz _____ , —¡Una limosna!

c. _____ Pepe va acercándose al sordo.

d. El anciano tiene una miserable _____ .

e. _____ no habrá comido.

f. El tío Paquito vende dulces en aquella _____ .

g. Pepe le da una _____ al anciano.

h. Pepe _____ serio y comenzó a pensar.

i. El pobre viejo _____ repetir su refrán.

j. El muchacho corre y juega _____ el anciano sigue buscando limosna.

2. Find synonyms for the following words from the preceding list.

a. extender   _____

b. huesoso   _____

c. piedad   _____

d. aspecto   _____

e. atado   _____

f. dádiva   _____

g. gustar   _____

h. pordiosero   _____

D. *Repaso gramatical (ser/estar)*

Complete the sentences with either *ser* or *estar* in the present tense.

a. _____ las dos de la tarde cuando Pepe sale de casa.

b. El anciano _____ enfermo y también _____
sordo por naturaleza.

c. El pobre viejo _____ buscando almas caritativas.

d. Pepe _____ un buen muchacho.

e. El centavo _____ de cobre.

f. El centavo _____ de Pepe.

g. Ese centavo _____ el único que tiene.

h. La tienda de dulces _____ en la esquina.

i. Los dulces del tío Paquito _____ muy sabrosos.

j. ¿ _____ cierto que te duelen las muelas?

2

UN DÍA DE ÉSTOS

Gabriel García Márquez

Nobel Prize winner Gabriel García Márquez (b. 1928) made his living for many years as a journalist, writing fiction on the side; until, as his friend Mario Vargas Llosa tells it, "He . . . closed himself in his office with large supplies of paper and cigarettes and announced to Mercedes [his wife] that he was going to remain there for about six months. . . ." In reality, this self-imposed exile lasted for eighteen months, and out of it came the literary cornerstone of García Márquez's international success, *Cien años de soledad* (1967). In it the people, events, and tropical climate of his boyhood in the sleepy little town of Aracataca, Colombia, were distilled and refashioned into the genealogy of the Buendía family whose achievements and failures capture much of the essence of Latin American culture.

Cien años de soledad is, also, a novel full of startling magical elements, which García Márquez's narrative skill brings to the reader in an understated tone, putting them into perspective as a functioning dimension of his fictional reality. Much of the author's literary fame rests on this talent for amalgamating the unscientific side of life—superstition, legend, and popular belief—with the routine facts of human existence.

Another facet of García Márquez's style reflects a mastery of dialogue and an economy of words which his critics have compared to the technique of Ernest Hemingway. Such stark realism is more characteristic of his earlier fiction—*La mala hora* (1962), *El coronel no tiene quien le escriba* (1958), and portions of *Los funerales de la Mamá Grande* (1962). The latter work, a collection of short stories, is the source of

11

our selection for this anthology, "Un día de éstos." Notice how the author's matter-of-fact tone and economy of words tend to place the obvious unrest and violence in the town on an everyday, routine footing. Perhaps this is his way of commenting on the deplorable state of Colombian political life during the 1950s.

UN DÍA DE ÉSTOS

El lunes amaneció tibio y sin lluvia. Don Aurelio Escovar, dentista sin título[1] y buen madrugador,[2] abrió su gabinete a las seis. Sacó de la vidriera una dentadura postiza montada aún en el molde de yeso y puso sobre la mesa un puñado de instrumentos que ordenó de mayor a menor, como en una exposición. Llevaba una camisa a rayas,[3] sin cuello, cerrada arriba con un botón dorado, y los pantalones sostenidos con cargadores elásticos. Era rígido, enjuto, con una mirada que raras veces correspondía a la situación, como la mirada de los sordos.

Cuando tuvo las cosas dispuestas sobre la mesa rodó la fresa[4] hacia el sillón de resortes y se sentó a pulir la dentadura postiza. Parecía no pensar en lo que hacía, pero trabajaba con obstinación, pedaleando en la fresa incluso cuando no se servía de ella.[5]

Después de las ocho hizo una pausa para mirar el cielo por la ventana y vio dos gallinazos pensativos que se secaban al sol en el caballete de la casa vecina. Siguió trabajando con la idea de que antes del almuerzo volvería a llover.[6] La voz destemplada de su hijo de once años lo sacó de su abstracción.

—Papá.

—Qué.

—Dice el alcalde que si le sacas una muela.

—Dile que no estoy aquí.

Estaba puliendo un diente de oro. Lo retiró a la distancia del brazo[7] y lo examinó con los ojos a medio cerrar. En la salita de espera volvió a gritar su hijo.

—Dice que sí estás porque te está oyendo.

El dentista siguió examinando el diente. Sólo cuando lo puso en la mesa con los trabajos terminados, dijo:

—Mejor.

Volvió a operar la fresa. De una cajita de cartón donde guardaba las cosas por hacer, sacó un puente de varias piezas y empezó a pulir el oro.

—Papá.

—Qué.

[1] **dentista sin título** In little towns in Colombia, where doctors and dentists are badly needed, it is possible to find people with no degree practicing dentistry or medicine. They may have been helpers in pharmacies or dental offices or students who never finished their professional training.

[2] **buen madrugador** early riser.

[3] **Llevaba una camisa a rayas** He was wearing a striped shirt.

[4] **fresa** dentist's drill.

[5] **incluso cuando no se servía de ella** even when he wasn't using it.

[6] **volvería a llover** it would rain again.

[7] **Lo retiró a la distancia del brazo** He held it at arm's length.

Aún no había cambiado de expresión.

—Dice que si no le sacas la muela te pega un tiro.[8]

Sin apresurarse, con un movimiento extremadamente tranquilo, dejó de pedalear en la fresa,[9] la retiró del sillón y abrió por completo la gaveta inferior de la mesa. Allí estaba el revólver.

—Bueno —dijo—. Dile que venga a pegármelo.[10]

Hizo girar el sillón hasta quedar de frente a la puerta, la mano apoyada en el borde de la gaveta. El alcalde apareció en el umbral. Se había afeitado la mejilla izquierda, pero en la otra, hinchada y dolorida, tenía una barba de cinco días. El dentista vio en sus ojos marchitos muchas noches de desesperación. Cerró la gaveta con la punta de los dedos y dijo suavemente:

—Siéntese.

—Buenos días —dijo el alcade.

—Buenos[11] —dijo el dentista.

Mientras hervían los instrumentales, el alcalde apoyó el cráneo en el cabezal de la silla y se sintió mejor. Respiraba un olor glacial. Era un gabinete pobre: una vieja silla de madera, la fresa de pedal y una vidriera con pomos de loza. Frente a la silla, una ventana con un cancel de tela hasta la altura de un hombre. Cuando sintió que el dentista se acercaba, el alcalde afirmó los talones[12] y abrió la boca.

Don Aurelio Escovar le movió la cara hacia la luz. Después de observar la muela dañada, ajustó la mandíbula con una cautelosa presión de los dedos.

—Tiene que ser sin anestesia —dijo.

—¿Por qué?

—Porque tiene un absceso.

El alcalde lo miró en los ojos.

—Está bien —dijo, y trató de sonreír. El dentista no le correspondió. Llevó a la mesa de trabajo la cacerola con los instrumentos hervidos y los sacó del agua con unas pinzas frías, todavía sin apresurarse. Después rodó la escupidera con la punta del zapato y fue a lavarse las manos en el aguamanil. Hizo todo sin mirar al alcalde. Pero el alcalde no lo perdío de vista.[13]

Era un cordal inferior. El dentista abrió las piernas y apretó la muela con el gatillo caliente. El alcalde se aferró a las barras de la silla, descargó toda su fuerza en los pies y sintió un vacío helado en los riñones, pero no soltó un suspiro. El dentista sólo movió la muñeca. Sin rencor, más bien con una amarga ternura, dijo:

---

[8] **te pega un tiro**   he will shoot you.

[9] **dejó de pedalear en la fresa**   he stopped pedaling the drill.

[10] **Dile que venga a pegármelo**   Tell him to come and shoot me.

[11] **Buenos (Buenos días)**   Sometimes the word *días* is omitted.

[12] **afirmó los talones**   he set his heels.

[13] **no lo perdió de vista**   he didn't lose sight of him.

—Aquí nos paga veinte muertos,[14] teniente.

El alcalde sintió un crujido de huesos en la mandíbula y sus ojos se llenaron de lágrimas. Pero no suspiró hasta que no sintió salir la muela. Entonces la vio a través de las lágrimas. Le pareció tan extraña a su dolor, que no pudo entender la tortura de sus cinco noches anteriores. Inclinado sobre la escupidera, sudoroso, jadeante, se desabotonó la guerrera y buscó a tientas el pañuelo en el bolsillo del pantalón. El dentista le dio un trapo limpio.

—Séquese las lágrimas —dijo.

El alcalde lo hizo. Estaba temblando. Mientras el dentista se lavaba las manos, vio el cielorraso desfondado y una telaraña polvorienta con huevos de araña e insectos muertos. El dentista regresó secándose las manos. "Acuéstese —dijo— y haga buches de agua de sal."[15] El alcalde se puso de pie, se despidió con un displicente saludo militar, y se dirigió a la puerta estirando las piernas, sin abotonarse la guerrera.

—Me pasa la cuenta —dijo.

—¿A usted o al municipio?

El alcalde no lo miró. Cerró la puerta, y dijo, a través de la red metálica.

—Es la misma vaina.[16]

EJERCICIOS: Comprensión inmediata

Read the following questions or incomplete statements. Select the answer or completion that is best according to the story.

1. El cuento tuvo lugar
   a. durante una tormenta.
   b. en un día de fiesta.
   c. en un día agradable.
   d. durante una reunión familiar.
2. Don Aurelio Escobar era
   a. cobarde.
   b. un hombre muy tímido y acomplejado.
   c. un hombre sumiso.
   d. un hombre firme y valiente.
3. Don Aurelio
   a. era muy perezoso.

[14] **Aquí nos paga veinte muertos** The dentist implies that the *alcalde* had shed a lot of innocent blood. Now he's taking revenge by pulling his tooth without anesthesia.

[15] **haga buches de agua de sal** wash your mouth out with salt water.

[16] **Es la misma vaina** It's the same thing. *Vaina* is a vulgar term used to refer to an object or a situation.

    b. no abría su gabinete todos los días.

    c. siempre madrugaba para charlar con su secretaria.

    d. siempre iba a su oficina temprano para trabajar.

4. Cuando su hijo lo llamó, el dentista

    a. estaba mirando la televisión.

    b. arreglaba una dentadura postiza.

    c. charlaba y tomaba cerveza con sus amigos.

    d. arreglaba un sillón de resortes.

5. El hijo de don Aurelio

    a. era un hombre casado.

    b. era dentista.

    c. trabajaba con el alcalde.

    d. era un muchachito de pocos años.

6. El alcalde vino al gabinete de don Aurelio

    a. para sacarse la muela.

    b. para pegarle un tiro.

    c. para asistir a una reunión política.

    d. con el fin de pedirle dinero para el municipio.

7. Si el dentista rehusaba sacarle la muela al alcalde, éste iba a

    a. fusilar a veinte personas.

    b. cerrar el gabinete.

    c. poner al dentista preso.

    d. pegarle un tiro.

8. El dentista iba a sacar la muela sin anestesia porque

    a. no tenía anestesia en su oficina.

    b. el alcalde era muy pobre y no podía pagar la anestesia.

    c. los instrumentos no estaban esterilizados.

    d. la muela estaba muy infectada y llena de pus.

9. Mientras el dentista le sacaba la muela, el alcalde

    a. escuchaba la radio.

    b. experimentaba un dolor agudo en el cuerpo.

    c. lanzaba gritos.

    d. dormía tranquilamente.

10. Al salir del gabinete el alcalde le pidió a don Aurelio

    a. que fuera con él a la alcaldía.

    b. que no le cobrara por el trabajo.

    c. que le pasara la cuenta.

    d. que entregara su revólver.

A. *Cuestionario*

1. ¿En qué día de la semana ocurre el cuento?

2. ¿A qué hora abrió su gabinete don Aurelio Escovar?

3. ¿Cómo era don Aurelio?

4. ¿Qué llevaba aquel día don Aurelio?

5. ¿Cómo supo don Aurelio de la llegada del alcalde?
6. ¿Por qué vino el alcalde a ver a don Aurelio?
7. ¿Cómo sabemos que don Aurelio no lo quería ver?
8. ¿Con qué amenazó el alcalde a don Aurelio?
9. ¿Le dio miedo la amenaza a don Aurelio?
10. ¿Cómo tenía la cara el alcalde?
11. ¿Por qué era necesario sacar la muela sin anestesia?
12. Al sacar la muela, ¿qué le dijo don Aurelio al alcalde?
13. ¿Cómo reaccionó el alcalde cuando sintió salir la muela?
14. ¿Con qué se secó las lágrimas el alcalde?
15. ¿Qué le aconsejó el dentista al alcalde que hiciera?
16. ¿Qué dijo el alcalde al salir de la oficina del dentista?

B. *Discusión y opiniones*

1. Al leer el cuento, ¿qué infiere Ud. de la situación política en Colombia? Dé Ud. ejemplos para respaldar su respuesta.
2. El dentista que se menciona en este cuento ejerce su profesión en un pueblito colombiano. Haga Ud. una comparación entre este dentista y un dentista en su ciudad.
3. ¿Qué interpretación daría Ud. a la respuesta del alcalde al final del cuento: "Es la misma vaina"?

C. *Ejercicios de vocabulario*

1. Based on the meanings of the following adjectives, write the English equivalents of the related verbs and nouns.

MODEL: tranquilo	tranquilizar	la tranquilidad
tranquil	*to tranquilize*	*tranquility*
a. pensativo	pensar	el pensamiento
pensive	_____	_____
b. hinchado	hinchar	la hinchazón
swollen	_____	_____
c. amargo	amargar	la amargura
bitter	_____	_____
d. tibio	entibiar	la tibieza
tepid	_____	_____
e. limpio	limpiar	la limpieza
clean	_____	_____
f. muerto	morir	la muerte
dead	_____	_____

g. dolorido	doler	el dolor
painful	_____	_____
h. polvoriento	empolvar	el polvo
dusty	_____	_____
i. caliente	calentar	el calor
hot	_____	_____

2. Complete each sentence with the word or expression from the following list which best expresses the English words in parentheses.

volvió a	por hacer	pega un tiro
siguió	sacó	llevaba
por completo	trató de	parecía
apareció	dejó de	guardó

a. Don Aurelio (was wearing) _____ una camisa a rayas.

b. El dentista (got out) _____ los instrumentos del agua.

c. El (seemed) _____ no pensar en lo que hacía.

d. El alcalde (appeared) _____ en el umbral.

e. Abrió (completely) _____ la gaveta.

f. Dice que te (will shoot) _____ .

g. El dentista (stopped) _____ pedalear la fresa.

h. El alcalde (tried to) _____ sonreír.

i. En una cajita de cartón guardaba las cosas (to be done) _____ .

j. Él (again) _____ operar la fresa.

D. *Repaso gramatical (el imperfecto y el pretérito)*

Keeping the plot of the story in mind, complete the following paragraph by supplying the imperfect or preterite form of the verbs in parentheses.

El lunes (amanecer) _____ tibio. (Ser) _____ las seis de la mañana cuando don Aurelio (abrir) _____ su gabinete. Él no (tener) _____ título de dentista, sin embargo (ejercer) _____ la profesión de dentistería. Don Aurelio (ser) _____ rígido y enjuto. Aquel día él (llevar) _____ una camisa a rayas sin cuello, y (sujetar) _____ sus pantalones con cargadores. Cuando (entrar) _____ en

su gabinete, don Aurelio (hacer) _____ varias cosas: (sacar)
_____ de la vidriera un puente postizo, (poner) _____
un puñado de instrumentos sobre la mesa, los (ordenar) _____
de mayor a menor, (rodar) _____ una fresa y (sentarse)
_____ a pulir la dentadura postiza.

   Don Aurelio (tener) _____ un hijo. El muchacho (tener) _____ once años. A las ocho de la mañana, mientras
el dentista (afilar) _____ el diente postizo, su hijo lo (llamar) _____ y le (decir) _____ que el alcalde (estar) _____ allí. El alcalde (tener) _____ un terrible dolor de muela. El dentista se la (sacar) _____ .

3

CONTRA PEREZA, DILIGENCIA

RICARDO PALMA

Ricardo Palma's great contribution to Peruvian letters is the *tradición* or historical anecdote. His long life (1833–1919) spanned some of the most turbulent years of Peru's history, yet he appeared to encounter few difficulties, perhaps because of his easygoing character and his almost total dedication to letters.

Nevertheless, two great tragedies came to Palma during the War of the Pacific (1879–83) when Chilean troops occupied Lima. At this time the author's house and personal library were burned, and the National Library was sacked. Soon after the war, Palma was made director of the National Library and was asked to undertake the job of restoration. He literally moved in with his family and started the Herculean task of recovering the library's lost documents and rebuilding its depleted collections.

As he was rebuilding the library, Palma was also recreating Lima's past through his *tradiciones*. These tales are not short stories nor are they history. They are short fictional works based on historical events or personages. Palma stresses the human side of his characters and always injects their development with a tone of skeptical good humor. Many of the *tradiciones* are dramatized explanations of popular legends or proverbs, as is the one which follows, "Contra pereza, diligencia". The reader will notice immediately that although the selection is intended for one of the author's children, it is heavily sprinkled with the colloquialisms, archaisms, and wry comments so typical of Ricardo Palma's style.

CONTRA PEREZA,
DILIGENCIA

Pues has de saber,[1] hijito, que cuando Nuestro Señor Jesucristo vivía en este mundo pecador desfaciendo entuertos; redimiendo Magdalenas,[2] que es buen redimir; desenmascarando a pícaros e hipócritas, que no es poco trajín; haciendo cada milagro como una torre Eiffel,[3] y anda, anda y anda en compañía de San Pedro, tropezó en su camino con una herradura mohosa, y volviéndose al apóstol, que marchaba detrás de su divino Maestro, le dijo:

—Perico, recoge eso y échalo en el morral.

San Pedro se hizo el sueco,[4] murmurando para su túnica: "¡Pues, hombre, vaya una ocurrencia! Facilito es que yo me agache[5] por un pedazo de fierro viejo".

El Señor, que leía en el pensamiento de los humanos como en libro abierto, leyó esto en el espíritu de su apóstol, y en vez de reiterarle la orden, echándola de jefe,[6] y decirle al muy zamacuco y plebeyote pescador de anchovetas que, por agacharse, no se le había de caer ninguna venera,[7] prefirió inclinarse él mismo, recoger la herradura y guardarla entre la manga.

En esto llegaron los dos viajeros a una aldea, y al pasar por la tienda de un albéitar o herrador dijo Cristo:

—Hermano, ¿quieres comprarme esta herradura?

El albéitar la miró y remiró, la golpeó con la uña, y convencido de que a poco de majar[8] en el yunque la pieza quedaría como nueva, contestó:

—Doy por ella dos centavos. ¿Acomoda o no acomoda?[9]

—Venga el cobre—[10] repuso lacónicamente el Señor.

Pagó el albéitar, y los peregrinos prosiguieron su marcha.

---

[1] **Pues has de saber** You are going to learn.

[2] **desfaciendo entuertos; redimiendo Magdalenas** righting wrongs; redeeming prostitutes.

[3] **torre Eiffel** Eiffel Tower (in Paris).

[4] **se hizo el sueco** he played dumb.

[5] **¡vaya una ocurrencia! Facilito es que yo me agache** what a thought! As if it were so easy for me to bend over.

[6] **echándola de jefe** acting like a boss.

[7] **no se le había de caer ninguna venera** no knight's badge was to drop off him (he was not going to lose his dignity).

[8] **a poco de majar** with a little pounding.

[9] **¿Acomoda o no acomoda?** Do you accept or not?

[10] **—Venga el cobre** Give me the money.

Al extremo de la aldea salióles al encuentro un chiquillo con un cesto en la mano y que pregonaba:

—¡Cerezas! ¡A centavo la docena!

—Dame dos docenas —dijo Cristo.

Y los dos centavos producto de la herradura pasaron a manos del muchacho, y las veinticuatro cerezas con más una de *yapa*,[11] se las guardó el Señor entre la manga.

Hacía a la sazón un calor de infierno, que diz que[12] es tierra caliente y de achicharrar un témpano, y San Pedro, que caminaba siempre tras el Maestro, iba echando los bofes,[13] y habría dado el oro y el moro[14] por una poca de agua.

El Señor, de rato en rato, metía la mano en la manga y llevaba a la boca una cereza; y como quien no quiere la cosa,[15] al descuido y con cuidado, dejaba caer otra, que San Pedro, sin hacerse el remolón,[16] se agachaba a recoger, engulléndosela en el acto.

Después de aprovechadas por el apóstol hasta media docena de cerezas, sonrióse el Señor y le dijo:

—Ya lo ves, Pedro: por no haberte agachado una vez, has tenido que hacerlo seis. Contra pereza, diligencia.

Y cata el porque[17] desde entonces una herradura en la casa trae felicidad.

EJERCICIOS: Comprensión inmediata

Indicate whether the following statements are true or false according to the story. If a statement is false, explain why and give the correct answer.

1. San Pedro vio la herradura, la recogió y la echó en el morral.
2. El Señor no pudo entender lo que murmuró San Pedro para su túnica.
3. El herrador le dio al Señor dos centavos por la herradura.
4. Les salió al encuentro un chiquillo con cerezas.
5. El Señor compró una docena y se las guardó entre la manga.
6. Hacía calor y San Pedro tenía mucha sed.
7. De rato en rato el Señor llevaba a la boca una cereza y le daba otra a San Pedro.

[11] **más una de *yapa*** one extra for good measure. In small, personalized shops, merchants often treat their customers to a free sample or a little extra.

[12] **diz que** they say.

[13] **iba echando los bofes** was panting.

[14] **el oro y el moro** all this and heaven too (a fabulous amount).

[15] **como quien no quiere la cosa** pretending indifference.

[16] **sin hacerse el remolón** showing no sign of laziness.

[17] **Y cata el porqué** And that is why.

8. San Pedro se agachaba a recoger las cerezas.
9. San Pedro engañó al Señor, recogiendo y comiéndose seis de sus cerezas.
10. Este cuento demuestra por qué la gente cree que una herradura trae felicidad.

A. *Cuestionario*

1. ¿Con quién andaba Cristo?
2. ¿Con qué tropezó?
3. ¿Qué quería Cristo que San Pedro hiciera?
4. ¿Quién recogió la herradura?
5. ¿Qué hizo Cristo con la herradura?
6. ¿Por cuánto la vendió?
7. ¿Quién les salió al encuentro?
8. ¿Qué vendía el muchacho?
9. ¿Cuántas docenas de cerezas compró Cristo?
10. ¿Por qué dejaba Cristo caer algunas cerezas?
11. ¿Cuántas veces tuvo que agacharse San Pedro para recoger cerezas?
12. ¿Qué lección quería enseñarle Cristo a San Pedro?

B. *Discusión y opiniones*

1. Después de haber leído el cuento, ¿que opinión forma Ud. acerca de la personalidad de Cristo y de San Pedro?
2. ¿Cree Ud. que la manera de enseñar de Cristo es eficaz? Explique su respuesta.
3. ¿Le recuerda este cuento alguń dicho inglés? ¿Cuál es?

C. *Ejercicios de vocabulario*

1. Replace the underlined words and expressions with equivalents from the following list, making all necessary changes.

de rato en rato	cuidado
recoger	hacerse
guardar	tropezar con
agacharse	ocurrencia

   a. San Pedro <u>encontró por casualidad</u> una herradura mohosa.

   _____

   b. El Señor <u>levantó</u> la herradura. _____

   c. A San Pedro no le agradó la <u>idea</u> de Cristo. _____

   d. San Pedro no quiso <u>inclinarse</u> para recoger la herradura.

   _____

    e. Cristo <u>puso</u> las cerezas entre la manga. _____

    f. El Señor dejaba caer las cerezas con <u>precaución</u>. _____

    g. San Pedro no <u>pretendió ser</u> el remolón. _____

    h. Cristo, <u>de vez en cuando</u>, llevaba una cereza a la boca.

2. Fill in each blank with the word from the following list that best corresponds to the phrase.

la manga	engullir
mohoso	el yunque
la herradura	el morral
la diligencia	pregonar
lacónicamente	el descuido

    a. cubierto de una capa de óxido _____

    b. anunciar algo en voz alta _____

    c. receptáculo a modo de bolsa que usan los vagabundos y los soldados _____

    d. instrumento de hierro sobre el que se martillan los metales en la herrería _____

    e. parte del vestido que cubre el brazo _____

    f. tragarse la comida precipitadamente _____

    g. cuidado en hacer una cosa _____

    h. de manera concisa o breve _____

D. *Repaso gramatical (el complemento directo e indirecto)*

1. Rewrite each sentence, substituting a direct object pronoun for the underlined words.

    a. Jesucristo desenmascaraba <u>a los pícaros</u>.

    _____

    b. El Señor hacía <u>milagros</u> en este mundo.

    _____

    c. El Señor quería redimir. (<u>a nosotros</u>)

    _____

    d. San Pedro no recogió <u>la herradura</u>.

    _____

    e. San Pedro se comió <u>media docena de cerezas</u>.

    _____

2. Rewrite each sentence, substituting an indirect object pronoun for the words in parentheses.

a. "Cerezas a centavo la docena", dijo el chiquillo. (a ellos)

_____

b. San Pedro oyó. (al chiquillo)

_____

c. El chiquillo no dio dos docenas de cerezas. (a mí)

_____

d. El chiquillo no vendió cerezas. (a ti)

_____

3. Rewrite each sentence, substituting a direct object pronoun for the underlined portion and an indirect object pronoun for the words in parentheses.

a. El albéitar dio <u>dos centavos</u> (al Señor).

_____

b. Indirectamente, Jesucristo daba <u>cerezas</u> (a San Pedro).

_____

c. Jesucristo aplicó <u>su buena psicología</u> (a San Pedro).

_____

4

UN INVENTO DEL JOVEN DEL PRINCIPAL

CAMILO JOSÉ CELA

Although his critics differ as to the artistic value of his novels, they all agree that Camilo José Cela (b. 1916) is a figure of considerable historical significance in Spanish literature. After the beginning of the Spanish Civil War in 1936, few if any fictional works appeared in the country until Cela's first novel, *La familia de Pascual Duarte*, was published in 1942. It ended the creative inertia of the period and set the tone for post-civil war Spanish fiction. *Pascual Duarte*, *La colmena* (1951), and Cela's other novels are characterized as having an abundance of violent acts, depraved characters, and crude language. These elements are seen as not only the guidelines for a neo-realistic trend in contemporary Spanish fiction but also as a reflection of the sorry spiritual state of Spain's people after the chaos and suffering of the Civil War.

Cela was born in Iria Falvia, Galicia. He studied law, medicine, and the liberal arts at the university but did not obtain a degree in any of these fields. Nevertheless, his great success as a writer has brought him fame and respect and has allowed him to dedicate himself completely to his profession. In 1957 he became the youngest member, forty-one, of the *Real Academia Española de la Lengua*. He lives in Palma de Mallorca where he continues his active life as a writer and as editor of his own literary review, *Papeles de Son Armadans*.

Besides novels, Cela has been productive in other genres. Among these the travelogue and the short story may bring out the stronger

elements of Cela's talent even better than his novels. In his travel
books he displays a love for detail and denseness of language whereas
in his short stories we see his great talent for capturing a character
or a theme through the suggestive power of a bold impressionistic
style.

Cela's short stories frequently show a cynical yet mischievous view
of human motives and social conventions. This tone is well portrayed
in the selection that follows. We cannot help but laugh at the pre-
dicament of the youthful inventor Baltasar Ruibarbo when his well-
intentioned efforts are perverted by the demands of social decorum.

UN INVENTO DEL JOVEN
DEL PRINCIPAL

El joven del principal[1] era un virtuoso del bombardino. La verídica historia que vamos a narrar aquí no es, sin embargo, la de sus aficiones musicales, que muy bien pueden quedar para más propicia ocasión, sino la de sus aficiones a la mecánica, que hora es ya de que comiencen a ser reivindicadas.

Baltasar Ruibarbo, el joven citado, había venido mostrando, desde su más tierna infancia, una inclinación evidente hacia los inventos.

—Invéntame una cafetera exprés —dijo su tía Filo Pérez, no teniendo nuestro hombre más de doce o trece años—. Una cafetera en forma de locomotora y que eche el sabroso néctar por debajo del ténder.

—Lo que usted guste, tía. Ya sabe usted que no tiene más que pedir por esa boca.[2]

—Gracias, hijo. ¡Eres un sol!

Filo Pérez, cuando su sobrino Baltasar Ruibarbo, que se pasó las noches de claro en claro[3] hasta dar fin a su obra, le entregó la locomotora que echaba café por detrás, invitó a unas amigas a merendar.

—Ya veréis qué cafetera. Es la monda, es el dernier cri[4] en cafeteras.

—¡A ver, a ver![5]

Filo Pérez instaló su cafetera encima de una bandeja de latón.

—¡Pero si es un tren! —dijo su amiga Candelaria Espinosa—. Pero ¡si es una máquina de tren!

—Tú lo has dicho —sentenció Filo Pérez—: una auténtica máquina de tren en miniatura.

Las amigas rodearon a la cafetera con entusiasmo.

—¿Y por dónde echa el café?[6]

—Por detrás.

—¿Como si fuera a poner un huevo?[7]

—Eso es: como si fuera a poner un huevo.

—Pero, mujer, ¡qué ocurrencia![8]

Las amigas de Filo Pérez, que eran todas ellas unas señoras muy finas,[9] no hicieron comentarios, y la cosa se deslizó bastante bien. Lo

---

[1] **del principal** on the first floor.
[2] **no tiene más que pedir por esa boca** all you have to do is ask.
[3] **de claro en claro** without any sleep.
[4] **Es la monda, es el dernier cri** It is extraordinary, it is the latest style.
[5] **¡A ver, a ver!** Let's see, let's see!
[6] **¿echa el café?** does the coffee come out?
[7] **poner un huevo** to lay an egg.
[8] **¡qué ocurrencia!** What a thought!
[9] **muy finas** very refined.

malo fue cuando empezaron a pasar por la casa gentes de más confianza o de menos escrúpulos, que todas, como si se hubieran puesto de acuerdo,[10] opinaban, sin que nadie les preguntase nada, sobre la cafetera.

—Oiga usted, Filo: ¿le ponemos el orinalito a la cafetera? —llegaron a decirle un día.

La pobre Filo Pérez, acongojada por las opiniones que suscitaba su cafetera, llamó un día a su sobrino Baltasar y le dijo:

—Mira, niño: la gente es inculta, ya sabes tú, y se ríen de nuestra cafetera.

—¡Anda! ¿Y por qué se ríen?

—Pues ya ves... Dicen que si la cafetera parece que está haciendo aguas.[11]

—¡Vaya por Dios! ¡No había caído yo en eso![12] ¿Y dicen todos lo mismo?

—No, hijo; no dicen todos lo mismo. Unos dicen que talmente está haciendo aguas menores[13] y otros, más soeces, dicen que no, que lo que parece es que está haciendo aguas mayores.[14]

—¡Qué horror!

—Sí, Baltasarcín, ¡qué horror! Y, además, ¡lo dicen de una forma tan directa, tan sin circunloquios!

Baltasar Ruibarbo estaba transido de dolor.[15]

—¿Y qué quiere usted que hagamos?

—Pues, chico, yo no sé. Yo creo que lo mejor es desarmarla. ¿No podrías convertírmela en un despertador?

—No sé. Me parece que convertir una cafetera exprés en un despertador debe ser muy difícil.

Filo Pérez fruncía el entrecejo con preocupación.

—Ya me hago cargo.[16] ¿Y en una plancha de carbón de encina?

—Sí, en una plancha de carbón de encina, sí. Eso es más fácil.

El joven Baltasar Ruibarbo puso manos a la obra, y al cabo[17] de quince o veinte días fue a visitar a su tía Filo Pérez con la plancha de carbón de encina envuelta en un periódico.

—¡Hola, tía! Aquí le traigo la planchita. Ya la he probado y funciona muy bien.

Baltasar Ruibarbo desempaquetó la plancha.

—¡Es una monada,[18] sobrinito; una verdadera monada! Ahora te daré una peseta.

---

[10] **como si se hubieran puesto de acuerdo**   as if they had come to an agreement.
[11] **haciendo aguas**   urinating.
[12] **¡No había caído yo en eso!**   I hadn't realized that!
[13] **haciendo aguas menores**   urinating.
[14] **haciendo aguas mayores**   defecating.
[15] **transido de dolor**   torn with pain.
[16] **Ya me hago cargo**   Now I understand.
[17] **al cabo**   at the end.
[18] **una monada**   a cute little thing.

—Muchas gracias, tía; no tiene por qué molestarse.

Filo Pérez empezó a darle vueltas a la plancha.

—¡Monísima, monísima!

—Y, además, práctica, tía; tiene una caldera de mucha capacidad.

Filo Pérez estaba radiante.

—¡Miel sobre hojuelas,[19] Baltasar; miel sobre hojuelas!

De pronto, como en un mal presentimiento, cruzó por la mente de Filo Pérez una idea siniestra, desalentadora.

—Oye, Baltasar, hijo, ¿por dónde sale el humo? —preguntó con voz trémula.

El joven Baltasar Ruibarbo se dio cuenta y creyó desfallecer.[20]

—Por detrás, tía, por detrás —respondió con un hilo de voz—. He tenido que aprovechar el tubito de la cafetera...

La tía y el sobrino estuvieron una hora larga en silencio, cabizbajos, abatidos, como bajo el peso de una pena profunda.

La primera en reaccionar fue tía Filo.

—Bueno, hijo, gracias de todos modos. Gracias, a pesar de lo del humo por detrás. Ya le diré a la criada que no se la enseñe a las visitas. ¡Sería el colmo[21] que también nos gafasen la plancha con sus comentarios! ¿Verdad, Baltasar?

—Sí, tía Filo; ¡sería el colmo!

EJERCICIOS: Comprensión inmediata

Read the following incomplete statements. Select the answers or completions that are best according to the story.

1. El joven del principal
   a. vivía con su tía.
   b. estudiaba mecánica en un taller.
   c. sabía tocar maravillosamente un instrumento musical.
   d. era reparador de planchas.
2. Baltazar
   a. era aficionado a los deportes.
   b. tenía gran talento para la mecánica.
   c. vendía café en el principal.
   d. compraba carbón de encina.

---

[19] **¡Miel sobre hojuelas!** Nothing could be better (literally, honey on pancakes)!

[20] **se dio cuenta y creyó desfallecer** understood and thought he would faint.

[21] **¡Sería el colmo!** It would be the end!

3. Filo Pérez era
   a. una parienta de Baltasar.
   b. una mujer sin escrúpulos.
   c. una alcaldesa.
   d. la mujer más vieja del barrio.
4. Un día Filo quería
   a. ir a un café con sus amigas.
   b. que Baltasar la invitara a escuchar el bombardino.
   c. que Baltasar le fabricara una cafetera.
   d. que Baltasar arreglara la locomotora.
5. Cuando Baltasar fabricó la cafetera
   a. era estudiante universitario.
   b. apenas tenía pocos años.
   c. ya había terminado sus estudios de mecánica.
   d. era profesor de música.
6. La cafetera
   a. era tan grande como una locomotora.
   b. tenía la forma de una plancha.
   c. parecía un tren.
   d. costaba lo mismo que una plancha.
7. Al ver la cafetera las amigas de Filo
   a. hicieron comentarios favorables.
   b. criticaron la cafetera.
   c. ofrecieron comprarla.
   d. querían que Baltasar hiciera a cada una de ellas una cafetera igual.
8. Los comentarios de las amigas de Filo
   a. le causaron una gran satisfacción.
   b. animaron a Baltasar para abrir una tienda de cafeteras.
   c. aumentaron el orgullo de Filo.
   d. acongojaron tanto a Filo como a Baltasar.
9. Filo Pérez
   a. sugirió que Baltasar destruyera la cafetera.
   b. vendió la cafetera a una amiga.
   c. cambió la cafetera por un bombardino.
   d. quería que Baltasar convirtiera la cafetera en plancha de carbón.
10. La plancha no se mostró a nadie
    a. porque no servía.
    b. porque Filo temía oír comentarios desfavorables.
    c. por ser de plata pura.
    d. para no ser robada por la criada.

A. *Cuestionario*

1. ¿Cuál es la verídica historia que el autor va a narrar aquí?

2. ¿Desde cuándo había venido mostrando Baltasar Ruibarbo una inclinación hacia los inventos?
3. ¿Qué quería su tía que inventara?
4. ¿Por dónde echaba la locomotora el café?
5. Terminada la cafetera, ¿qué hizo la tía Filo?
6. ¿Hicieron comentarios las señoras muy finas?
7. ¿Qué llegaron a decir las gentes de más confianza o de menos escrúpulos?
8. ¿Qué quería Filo que Baltasar Ruibarbo hiciera con la cafetera?
9. ¿Sería posible convertirla en un despertador?
10. ¿En qué decidieron convertir la cafetera por fin?
11. ¿Cuánto tiempo duró el trabajo de Baltasar Ruibarbo?
12. ¿Qué dijo su tía cuando Baltasar desempaquetó la plancha?
13. ¿Por dónde salía el humo?
14. ¿Cómo reaccionaron la tía y su sobrino al pensar en esa idea siniestra?
15. ¿Qué le iba a decir a la criada al usar la plancha?

B. *Discusión y opiniones*

1. ¿Cuáles son las dos clases sociales con las que viene en contacto Filo Pérez? Descríbalas.
2. ¿Cree Ud. que Cela trata de ridiculizar algún aspecto de la sociedad española?
3. ¿Cómo es el carácter de Baltasar? ¿Reaccionaría Ud. como él ante las exigencias de Filo Pérez?

C. *Ejercicios de vocabulario*

1. Taking into account the plot of the story, choose the correct item to complete each sentence.
    a. El joven del principal era virtuoso del
       1) bombardino   2) ténder   3) dernier cri
    b. Este cuento narra las aficiones de Baltasar a la
       1) locomotora   2) cafetera   3) mecánica
    c. La cafetera tenía forma de
       1) locomotora   2) orinalito   3) boca
    d. Filo Pérez instaló la cafetera encima de
       1) un huevo   2) una confianza   3) una bandeja

    e. Filo Pérez _____ el entrecejo con preocupación.
       1) cruzaba   2) fruncía   3) desempaquetaba
2. Give Spanish equivalents for the following idiomatic expressions as they appear in the story.
    a. Now I understand.

b. He got to work.

_____

c. He spent the nights without sleeping.

_____

d. I hadn't realized that.

_____

e. Let's see.

_____

f. All you have to do is ask.

_____

g. Until finishing his job.

_____

h. The bad part.

_____

i. She began to turn it over and over.

_____

j. You don't have to bother.

_____

3. Fill in each blank with the word from the following list that best corresponds to the phrase.

reivindicar	deslizarse
desarmar	acongojar
fruncir	suscitar
el entrecejo	soez
abatido	la caldera
el colmo	desfallecer

a. aparato generador del vapor en las máquinas _____

b. grado máximo de una cosa _____

c. dejar que algo pase sin más comento _____

d. reclamar uno lo que le pertenece _____

e. causar algo _____

f. arrugar la frente _____

g. grosero _____

h. quitar las piezas de una máquina _____

D. *Repaso gramatical*

1. (*el imperativo*) Rewrite the following sentences as commands, first in the affirmative, then in the negative, according to the model.

MODEL: Filo llama a su sobrino.
Filo, llámalo.
Filo, no lo llames.

    a. Baltasar inventa una cafetera exprés.
    b. La señora invita a las amigas.
    c. Las amigas miran la cafetera.
    d. Filo oye los comentarios de las visitas.
    e. El joven hace una plancha.

2. (*el presente del subjuntivo*) In each of the following sentences, change the appropriate verb to the present subjunctive tense, according to the model.

MODEL: Él va a comer. (Es hora de que)
Es hora de que él vaya a comer.

    a. La cafetera echa el sabroso néctar por debajo del ténder. (Espero que)
    b. Haces buen trabajo, hijo. (Prefieren que)
    c. La cafetera es una monada. (Quiero que)
    d. Todos dicen lo mismo. (Tememos que)
    e. Baltasar convierte la cafetera en otra cosa. (Es preciso que)

5

VENGANZA CAMPESINA

MANUEL ZAPATA OLIVELLA

It is impossible to present Manuel Zapata Olivella (b. 1920) as simply a Colombian writer. By profession he is a physician, yet he has found time to make significant contributions in anthropology, the performing arts, fiction, and teaching. Over the years he has shared his talents with friends and students at home and in the United States as visiting professor in various universities.

Some of his early writings are accounts of vagabond travels through the Americas during the 1940s. An interesting book from this period, *He visto la noche* (1954), retells his adventures in the United States, especially in the Deep South, where he was shocked and angered by the blatant racial discrimination practiced at that time. Such experiences have undoubtedly contributed to Zapata's unfailing compassion for society's underdogs. The call for justice is always a primary theme in his novels and short stories.

Along with Zapata's interest in social justice one encounters his anthropologist's interest in the folkways of the common people of Colombia, which are for him the truest manifestation of the cultural amalgam of the Indian, the African, and the Spaniard. This dimension of his work forms the aesthetic base of Zapata's most recent novel, *Changó, el Gran Putas* (1983). Here, an empirical collective consciousness transcends the limits of time and space, linking the realities of the Americas and Africa in a single Afro-American perception of the New World.

Although too brief to develop the folkloric aspect of the author's work, the story included in this collection clearly exemplifies his predilection for the underdog's struggle against the selfish use of power. Dionisio Montes, a humble *campesino*, finds a subtle yet lethal way to avenge the wrongs wreaked upon his family and friends by an overbearing, self-indulgent landlord.

VENGANZA CAMPESINA

Cuando el pueblo se enteró de que Emilio Góngora, el hijo del cacique, había consumado su cuarto amancebamiento, raptándose violentamente a la hermana de Dionisio Montes, todo el mundo vaticinó sangre.[1] El padre de Emilio era el patrón, el amo político, la autoridad, la ley. Todo cuanto él o su hijo hicieran[2] en los alrededores de Cotocá, estaba bien hecho y nadie osaba contradecirlo... pero Dionisio Montes, a pesar de ser un analfabeto, tenía fama de inteligente, comedido, y de celoso guardián del buen nombre que su padre, viejo labrador de la región, había dejado al morir. Ahora que el hijo del gamonal se había burlado de su hermana Guadalupe, era fácil adivinar que no se cruzaría de brazos.[3]

En la tarde del rapto, como todo el mundo lo esperaba, afiló su machete, tomó su sombrero y a pasos cortos, saludar a ninguno de los que observaban su recorrido,[4] buscó la salida del pueblo.

—¡Va por el Góngora![5]

—¡Lo hará picadillo!

—Antes de llegar al rancho, los hombres del Góngora le meterán un tiro.[6]

—¡Pobre muchacho! ¡Va derechito al cementerio!

Contra todas las aseveraciones, ante el asombro de quienes lo observaban, al finalizar la calle, tomó rumbo opuesto[7] al que conducía hacia la casa donde Emilio Góngora retenía a su hermana.

—¡Ni siquiera se ha mosqueado por la ofensa![8]

—¡Es un cobarde!

Siguió la ruta de la selva, allí donde moraba el tigre, donde por las noches se quejaban los zorros y en las mañanas se encontraban huellas de sangre. Por cuatro días sólo se habló del fugitivo sin que nadie supiera a ciencia cierta[9] por qué se había refugiado en la montaña y en qué parte

---

[1] **todo el mundo vaticinó sangre** everybody predicted a bloody revenge.

[2] **Todo cuanto él o su hijo hicieran** Whatever he or his son might do.

[3] **no se cruzaría de brazos** he would not remain idle.

[4] **saludar a ninguno de los que observaban su recorrido** greeting none of those who observed his march.

[5] **¡Va por el Góngora!** He's going after Góngora!

[6] **los hombres del Góngora le meterán un tiro** Góngora's men will shoot him.

[7] **al finalizar la calle, tomó rumbo opuesto** when he reached the end of the street, he took the opposite direction.

[8] **¡Ni siquiera se ha mosqueado por la ofensa!** He hasn't even tried to fight back for the offense!

[9] **a ciencia cierta** for sure.

de ella se hallaba. Los supersticiosos decían que había ido a invocar los "mohanes" de la selva, los dioses que mitigaban la venganza y devolvían la paz al espíritu. Otros sospechaban que buscaba la muerte en las garras de alguna fiera, abochornado por la deshonra de la hermana y la imposibilidad de toda venganza.[10]

Una tarde regresó Guadalupe al rancho de su hermano. Sobre su cabeza traía el baúl que le regalara su violador. Le seguía un peón de Emilio Góngora que cargaba en el lomo de un mulo otras prendas en pago de su virginidad: una cama de tijeras y una máquina "Singer".[11]

Días después, cuando ya nadie se acordaba de Dionisio Montes, regresó éste al pueblo. Venía con las ropas raídas, sucias y húmedas. Barbado y silencioso, no era difícil averiguar que su alma se había serenado. Una sonrisa indescriptible, sarcástica y temblorosa, daba a su semblante un extraño rasgo de salvaje orgullo.

—Ya se le olvidó la ofensa —dijeron al verlo saludar a su hermana, aceptar un poco de alimento, afeitarse, cambiar sus ropas y pronto salir a la cantina del pueblo como si nada hubiera ocurrido. Allí se encontraba el Góngora, quien al verlo, hizo desafiante jactancia de sus poderes. Dionisio no se dio por aludido y se juntó a jugar dominó con otros amigos sin dar la menor muestra de hombría.[12]

"Asunto concluído" —debieron pensar ante la resignación del que creyeron capaz de ofrecer su sangre en defensa del honor.[13]

Antes de que oscureciera, Montes abandonó la cantina, dejando en ella a su enemigo que no sabía como llenar el espacio con sus risotadas y francos ademanes de amo y señor. Nadie había reparado en la botella que el ofendido campesino llevaba en el bolsillo.

Ensilló su caballo y al caer la noche salió del pueblo. En esta ocasión en vez de tomar el camino de la montaña, dirigió la bestia hacia la casa que tenía el gamonal en las afueras, donde hasta saciarse, encerraba a las muchachas que raptaba. Dionisio sabía que allí iría a dormir esa noche como siempre que se emborrachaba. Se acercó con cautela, a

[10] **abochornado por la deshonra de la hermana y la imposibilidad de toda venganza** overcome by his sister's dishonor and by the impossibility of any kind of revenge.
[11] **una cama de tijeras y una máquina "Singer"** a folding bed and a "Singer" sewing machine.
[12] **Dionisio no se dio por aludido y se juntó a jugar dominó con otros amigos sin dar la menor muestra de hombría** Dionisio didn't take it personally and joined other friends to play dominoes without showing the least sign of offended manliness.

[13] **"Asunto concluído" —debieron pensar ante la resignación del que creyeron capaz de ofrecer su sangre en defensa del honor** "The matter is closed"—they must have thought, in view of the resignation of this man whom they believed capable of offering his blood in defense of honor.

sabiendas[14] de que no encontraría a nadie. Conocedor de las habitaciones, se fue directo a la alcoba y buscó la cama en donde deshonraran a su hermana. Destapó la botella que guardaba cuidadosamente y bajo las sábanas deslizó el contenido.

La noche se sumaba al cansado croar de los sapos, sólo interrumpido cuando presentían que alguna serpiente acechaba su escandalosa serenata. Los ojos del campesino espiaban el camino que venía del pueblo con la paciencia del tigre. Cuando ya desesperaba, escuchó el trote de varios caballos e involuntariamente se mordió la puntqa de la lengua, presintiendo que su plan estaba al borde del fracaso.[15] Tres jinetes se acercaron a la casa y dos de ellos, haciendo muchos esfuerzos por mantenerse en pie, arrastraron el cuerpo descoyuntado del patrón, Emilio Góngora, abatido por gran dosis de aguardiente. Encendieron la lámpara, acostaron al amo y después, con güapirreos,[16] aguijonearon las bestias rumbo al pueblo.

Montes sonrió. Su corazón le martillaba el pecho como si golpeara sobre un yunque. Ruidos que hasta entonces no había escuchado se insinuaban en todas partes. A lo lejos[17] el mugir de un toro, el chasquido de alguna rama o el vocerío repetido de los sapos con su canto suicida invocando la muerte. Por todas partes veía culebras, hasta las sentía enrollarse en sus propias piernas.

Por fin un grito humano, una voz desesperada, la misma que había estado esperando, se enroscó repetidas veces en torno al rancho. El cacique gritaba sin encontrar otra voz distinta a la suya propia. Se arrastró fuera de la casa, pretendió montar sobre el caballo, pero le faltaron las fuerzas y se desplomó al suelo. El respirar se le hizo sofocado, en la garganta le crecía una mota de algodón.[18] Sus ojos azulencos apenas vislumbraron la silueta de alguien que se le acercaba.

—¡Lléveme pronto al curandero!

La risa seca resonó a pocos pasos:

—Cálmese, patrón, que la muerte viene a pedirle cuentas[19] por toditas las muchachas que usted ha deshonrado... La negra Cata era muy bonita y quería bastante al zurdo Abel, a quien usted mandó a machetear...

---

[14] **a sabiendas** knowing.
[15] **al borde del fracaso** on the brink of disaster.
[16] **güapirreos** shouting and uproar.
[17] **A lo lejos** In the distance.

[18] **El respirar se le hizo sofocado, en la garganta le crecía una mota de algodón** His breathing was labored, in his throat a ball of cotton was growing.
[19] **la muerte viene a pedirle cuentas** death is coming to ask you for an explanation.

—¡Te doy todo el dinero que quieras con tal de que me ayudes a subir al caballo![20]

—No hable que le hace daño. ¿Se acuerda patroncito, de la negra Lorenza? Se murió porque usted la hizo abortar, pues no quería tener un hijo de ella.

—¡Tengo la lengua pesada... no... por Dios Santo![21]

—Déjese de invocar al Altísimo ahorita, a lo mejor está ocupado oyendo lo que le cuenta de usted Betsabé.[22] Dígame, ¿fue usted mismito quien la mató porque no se le quiso entregar a las buenas?[23] Sepa que no estoy enojado por lo de Guadalupe,[24] ella me dijo que lo quería, pero...

—Yo te doy toda la plata que...

—No hable, se lo estoy diciendo, patrón. ¿No ve que le duele la mordedura? De esa culebra no se salva nadie porque es mapaná "rabo seco".[25] Me costó mucha dificultad encontrarla porque ya se van escaseando.[26] ¡Es de la misma marca de la que mató a don Venancio, el padre de la tuerta Francisca, de la que usted abusó la noche misma que lo velaban!

EJERCICIOS: Comprensión inmediata

Indicate whether the following statements are true or false according to the story. If a statement is false, explain why and give the correct answer.

1. El padre de Dionisio Montes era el patrón, el amo político, la autoridad y la ley de Cotocá.
2. Dionisio Montes era inteligente y comedido.
3. Emilio había raptado a Guadalupe.
4. En la tarde del rapto Dionisio fue a la cantina a jugar dominó con Emilio.
5. Todos sabían por qué Dionisio fue a la selva.
6. Todos habían reparado en la botella que Dionisio llevaba en el bolsillo.

[20] **con tal de que me ayudes a subir al caballo**   provided that you help me mount the horse.

[21] **por Dios Santo**   for God's sake.

[22] **—Déjese de invocar al Altísimo ahorita, a lo mejor está ocupado oyendo lo que le cuenta de usted Betsabé**   Stop calling on the Lord right now, maybe He's busy hearing what Betsabé is telling Him about you.

[23] **porque no se le quiso entregar a las buenas**   because she refused to give in to your advances voluntarily.

[24] **Sepa que no estoy enojado por lo de Guadalupe**   I want you to know that I am not angry about what you did to Guadalupe.

[25] **mapaná "rabo seco"**   a very poisonous South American snake called the bushmaster or fer-de-lance.

[26] **se van escaseando**   they are getting scarce.

7. Dionisio entró en la casa de Emilio y deslizó el contenido de la botella entre las sábanas de la cama.
8. Emilio llegó a su casa borracho.
9. Emilio gritó porque Dionisio lo macheteó.
10. Dionisio quería que Emilio muriera porque Emilio se emborrachaba mucho.

A. *Cuestionario*

1. ¿Qué hizo Emilio Góngora?
2. Cuando los Góngora hacían algo malo, ¿por qué nadie se quejaba?
3. ¿Por qué esperaba la gente que Dionisio se vengara de Emilio?
4. ¿Qué hizo Dionisio la tarde del rapto?
5. ¿Qué pensó la gente al ver a Dionisio dirigirse hacia la selva?
6. ¿Cuánto tiempo tardó Dionisio en la selva?
7. ¿Qué creyó la gente que Dionisio hacía en la selva?
8. ¿Qué le dio Emilio a Guadalupe en pago de su virginidad?
9. ¿De qué se jactaba el Góngora en la cantina?
10. ¿A dónde dirigió su bestia Dionisio al abandonar la cantina?
11. Estando tan borracho, ¿cómo llegó Emilio a su casa?
12. ¿Cómo se vengó Dionisio de Emilio?
13. Cuando Dionisio estaba en la cantina, ¿dónde tenía la culebra?
14. ¿Cuándo violó Emilio a Francisca?

B. *Discusión y opiniones*

1. En este cuento, ¿qué observa Ud. en cuanto a la situación política y social en algunos pueblos apartados?
2. ¿Por qué cree Ud. que Dionisio prefirió matar a su enemigo usando una culebra venenosa en vez dc un machete?
3. Dionisio puso la culebra bajo las sábanas. ¿Cómo es posible que los hombres que acostaron a Emilio en la cama no vieran la culebra?
4. Dionisio le dijo a Emilio que no estaba enojado por lo de Guadalupe porque ella quería a Emilio. ¿Por qué entonces quería Dionisio matar a Emilio?

C. *Ejercicios de vocabulario*

1. Fill in each blank with the word or expression from the following list that best corresponds to the phrase.

enterarse de	analfabeto
a ciencia cierta	todo el mundo
labrador	picadillo
aseveraciones	rumbo
mosquearse	baúl
risotada	

   a. una persona que labra la tierra _____

   b. afirmaciones _____

   c. saber de algo _____

   d. carcajada _____

   e. maleta muy grande, cofre _____

   f. no sabe leer ni escribir _____

   g. carne picada _____

   h. la mayor parte de la gente _____

   i. camino que uno se propone seguir _____

   j. con seguridad _____

   k. resentirse, enfadarse _____

2. Refer to the text of the story and complete each sentence with the Spanish equivalent of the words in parentheses.

   a. Dionisio Montes, (in spite of being) _____ un analfabeto, tenía fama de inteligente.

   b. Ahora que el hijo del gamonal se había burlado de su hermana Guadalupe, era fácil adivinar que (he would not remain inactive) _____ .

   c. ¡(He's going after) _____ el Góngora!

   d. Antes de llegar al rancho, los hombres del Góngora (will shoot him) _____ .

   e. Nadie (had noticed) _____ en la botella que llevaba en el bolsillo.

   f. Ensilló su caballo y al caer la noche (he left) _____ el pueblo.

   g. Dionisio mordió la punta de la lengua, presintiendo que su plan estaba (on the verge of) _____ el fracaso.

   h. (Everywhere) _____ veía culebras.

   i. No hable que (it hurts you) _____ .

   j. (Stop calling) _____ al Altísimo.

D. *Repaso gramatical (por/para)*

Refer to the text of the story and complete each sentence with the correct use of *por* or *para*.

   a. Todos en el pueblo pensaron que Dionisio afiló su machete _____ matar a Emilio.

   b. Dionisio salió _____ la selva.

c. _____ cuatro días sólo se habló del fugitivo.

d. Sospechaban que Dionisio buscaba la muerte, abochornado

  _____ la deshonra de su hermana.

e. El cuerpo de Emilio Góngora estaba abatido _____ gran dosis de aguardiente.

f. Muchos en el pueblo trabajaban _____ los Góngora.

g. La muerte viene a pedirle cuentas _____ toditas las muchachas que Ud. ha deshonrado.

h. El baúl y la máquina "Singer" eran _____ Guadalupe.

i. Dionisio no estaba enojado _____ lo de Guadalupe.

j. El hermano de Guadalupe planeó la venganza _____ cuando fuera posible.

k. Dos de los jinetes hicieron muchos esfuerzos _____ mantenerse en pie.

l. Muchos que lo vieron dijeron: "¡Va _____ el Góngora!"

6

EL HUÉSPED

Amparo Dávila

Amparo Dávila, one of the more important women writers in Mexico today, was born in 1928 and began to write poetry when she was eight years old. In the early 1950s three collections of her poems were published, but she soon turned to the short story, which has become the primary genre of her mature years.

Dávila's critics classify her stories as psychological and imaginative, often dealing with individuals in conflict with their own fears. Perhaps this dimension of her creation stems in part from the poor health and loneliness she endured during her childhood in Pinos, a provincial town of central Mexico, which she describes as "a frigid old mining town of Zacatecas with a past of gold and silver and a present of ruin and desolation."

Although Davila's stories depend little on local color or geographical setting, occasional glimpses of provincial backwardness do appear; such as, the use of oil lamps and the remote location of the woman's town in the story appearing in this anthology, "El huésped." This tale comes from Dávila's first published collection of short stories, *Tiempo destrozado* (1959). Since that time she has added two more collections, *Música concreta* (1964) and *Árboles petrificados* (1977). The latter was awarded the Villaurrutia Prize for the short story in Mexico in 1977. It continues her emphasis on psychological themes that open the door to a mixing of fantasy with real-life experience.

In the selection at hand, "El huésped," Dávila cleverly blends these three elements in a tale told by an unhappy housewife whose humdrum routine is turned into frenzied anguish by the presence of a guest, *el huésped*, introduced into the household by her distant and unfeeling husband.

EL HUÉSPED

Nunca olvidaré el día en que vino a vivir con nosotros. Mi marido lo trajo al regreso de un viaje.

Llevábamos entonces cerca de tres años de matrimonio,[1] teníamos dos niños y yo no era feliz. Representaba para mi marido algo así como un mueble,[2] que se acostumbra uno a ver en determinado sitio, pero que no causa la menor impresión. Vivíamos en un pueblo pequeño, incomunicado y distante de la ciudad. Un pueblo casi muerto o a punto de desaparecer.

No pude reprimir un grito de horror, cuando lo vi por primera vez. Era lúgubre, siniestro. Con grandes ojos amarillentos, casi redondos y sin parpadeo, que parecían penetrar a través de las cosas y de las personas.

Mi vida desdichada se convirtió en un infierno. La misma noche de su llegada supliqué a mi marido que no me condenara a la tortura de su compañía. No podía resistirlo; me inspiraba desconfianza y horror. "Es completamente inofensivo" —dijo mi marido mirándome con marcada indiferencia. "Te acostumbrarás a su compañía y, si no lo consigues...[3]" No hubo manera de convencerlo de que se lo llevara. Se quedó en nuestra casa.

No fui la única en sufrir con su presencia. Todos los de la casa[4] —mis niños, la mujer que me ayudaba en los quehaceres, su hijito— sentíamos pavor de él. Sólo mi marido gozaba teniéndolo allí.

Desde el primer día mi marido le asignó el cuarto de la esquina. Era ésta una pieza grande, pero húmeda y oscura. Por esos inconvenientes yo nunca la ocupaba. Sin embargo él pareció sentirse contento con la habitación. Como era bastante oscura, se acomodaba a sus necesidades.[5] Dormía hasta el oscurecer y nunca supe a qué hora se acostaba.

Perdí la poca paz de que gozaba en la casona. Durante el día, todo marchaba con aparente normalidad, yo me levantaba siempre muy temprano, vestía a lost niños que ya estaban despiertos, les daba el desayuno y los entretenía mientras Guadalupe arreglaba la casa y salía a comprar el mandado.

La casa era muy grande, con un jardín en el centro y los cuartos distribuidos a su alrededor. Entre las piezas y el jardín había corredores

---

[1] **Llevábamos entonces cerca de tres años de matrimonio** We had been married for about three years then.

[2] **algo así como un mueble** something like a piece of furniture.

[3] **y, si no lo consigues** and if you can't manage.

[4] **Todos los de la casa** All the members of the household.

[5] **se acomodaba a sus necesidades** it suited his needs.

que protegían las habitaciones del rigor de las lluvias y del viento que eran frecuentes. Tener arreglada una casa tan grande y cuidado el jardín, mi diaria ocupación de la mañana, era tarea dura. Pero yo amaba mi jardín. Los corredores estaban cubiertos por enredaderas que floreaban casi todo el año. Recuerdo cuánto me gustaba, por las tardes, sentarme en uno de aquellos corredores a coser la ropa de los niños, entre el perfume de las madreselvas y de las bugambilias.

En el jardín cultivaba crisantemos, pensamientos, violetas de los Alpes, begonias y heliotropos. Mientras yo regaba las plantas, los niños se entretenían buscando gusanos entre las hojas. A veces pasaban horas, callados y muy atentos, tratando de coger las gotas de agua que se escapaban de la vieja manguera.

Yo no podía dejar de mirar, de vez en cuando,[6] hacia el cuarto de la esquina. Aunque pasaba todo el día durmiendo no podía confiarme. Hubo veces que, cuando estaba preparando la comida, veía de pronto su sombra proyectándose sobre la estufa de leña. Lo sentía detrás de mí... yo arrojaba al suelo lo que tenía en las manos y salía de la cocina corriendo y gritando como una loca. Él volvía nuevamente a su cuarto, como si nada hubiera pasado.[7]

Creo que ignoraba por completo a Guadalupe, nunca se acercaba a ella ni la perseguía. No así a los niños y a mí. A ellos los odiaba y a mí me acechaba siempre.

Cuando salía de su cuarto comenzaba la más terrible pesadilla que alguien pueda vivir. Se situaba siempre en un pequeño cenador, enfrente de la puerta de mi cuarto. Yo no salía más. Algunas veces, pensando que aún dormía, yo iba hacia la cocina por la merienda de los niños, de pronto lo descubría en algún oscuro rincón del corredor, bajo las enredaderas. "¡Allí está ya, Guadalupe!", gritaba desesperada.

Guadalupe y yo nunca lo nombrábamos, nos parecía que al hacerlo cobraba realidad aquel ser tenebroso.[8] Siempre decíamos: —allí está, ya salió, está durmiendo, él, él, él...

Solamente hacía dos comidas,[9] una cuando se levantaba al anochecer y otra, tal vez, en la madrugada antes de acostarse. Guadalupe era la encargada de llevarle la bandeja, puedo asegurar que la arrojaba dentro del cuarto pues la pobre mujer sufría el mismo terror que yo. Toda su alimentación se reducía a carne, no probaba nada más.

[6] **Yo no podía dejar de mirar, de vez en cuando** I couldn't stop looking, from time to time.
[7] **como si nada hubiera pasado** as if nothing had happened.

[8] **Guadalupe y yo nunca lo nombrábamos, nos parecía que al hacerlo cobraba realidad aquel ser tenebroso** Guadalupe and I never called it by name, it seemed to us that doing so increased the presence of that sinister being.
[9] **Solamente hacía dos comidas** He only ate twice a day.

Cuando los niños se dormían, Guadalupe me llevaba la cena al cuarto. Yo no podía dejarlos solos, sabiendo que se había leventado o estaba por hacerlo.[10] Una vez terminadas sus tareas,[11] Guadalupe se iba con su pequeño a dormir y yo me quedaba sola, contemplando el sueño de mis hijos. Como la puerta de mi cuarto quedaba siempre abierta, no me atrevía a acostarme, temiendo que en cualquier momento pudiera entrar y atacarnos. Y no era posible cerrarla; mi marido llegaba siempre tarde y al no encontrarla abierta habría pensado... Y llegaba bien tarde.[12] Que tenía mucho trabajo, dijo alguna vez. Pienso que otras cosas también lo entretenían...

Una noche estuve despierta hasta cerca de las dos de la mañana, oyéndolo afuera... Cuando desperté, lo vi junto a mi cama, mirándome con su mirada fija, penetrante... Salté de la cama y le arrojé la lámpara de gasolina que dejaba encendida toda la noche. No había luz eléctrica en aquel pueblo y no hubiera soportado quedarme a oscuras,[13] sabiendo que en cualquier momento... Él se libró del golpe y salió de la pieza. La lámpara se estrelló en el piso de ladrillo y la gasolina se inflamó rápidamente. De no haber sido por Guadalupe[14] que acudió a mis gritos, habría ardido toda la casa.

Mi marido no tenía tiempo para escucharme ni le importaba lo que sucediera en la casa. Sólo hablábamos lo indispensable. Entre nosotros, desde hacía tiempo el afecto y las palabras se habían agotado.

Vuelvo a sentirme enferma cuando recuerdo...[15] Guadalupe había salido a la compra[16] y dejó al pequeño Martín dormido en un cajón donde lo acostaba durante el día. Fui a verlo varias veces, dormía tranquilo. Era cerca del mediodía. Estaba peinando a mis niños cuando oí el llanto del pequeño mezclado con extraños gritos. Cuando llegué al cuarto lo encontré golpeando cruelmente al niño. Aún no sabría explicar cómo le quité al pequeño y cómo me lancé contra él con una tranca que encontré a la mano,[17] y lo ataqué con toda la furia contenida por tanto tiempo. No sé si llegué a causarle mucho daño, pues caí sin sentido.[18] Cuando Guadalupe volvió del mandado, me encontró desmayada y a su pequeño lleno de golpes y de araños que sangraban. El dolor y el coraje que sintió fueron terribles. Afortunadamente el niño no murió y se recuperó pronto.

---

[10] **estaba por hacerlo** was about to do so.
[11] **Una vez terminadas sus tareas** Once her chores were done.
[12] **bien tarde** very late.
[13] **quedarme a oscuras** remaining in the dark.
[14] **De no haber sido por Guadalupe** Had it not been for Guadalupe.

[15] **Vuelvo a sentirme enferma cuando recuerdo** I feel sick again when I remember.
[16] **Guadalupe había salido a la compra** Guadalupe had gone shopping.
[17] **a la mano** at hand.
[18] **pues caí sin sentido** for I fell unconscious.

Temí que Guadalupe se fuera y me dejara sola. Si no lo hizo, fue porque era una mujer noble y valiente que sentía gran afecto por los niños y por mí. Pero ese día nació en ella un odio que clamaba venganza.

Cuando conté lo que había pasado a mi marido, le exigí que se lo llevara, alegando que podía matar a nuestros niños como trató de hacerlo con el pequeño Martín. "Cada día estás más histérica, es realmente doloroso y deprimente contemplarte así...[19] te he explicado mil veces que es un ser inofensivo".

Pensé entonces en huir de aquella casa, de mi marido, de él... Pero no tenía dinero y los medios de comunicación eran difíciles. Sin amigos ni parientes a quienes recurrir, me sentía tan sola como un huérfano.[20]

Mis niños estaban atemorizados, ya no querían jugar en el jardín y no se separaban de mi lado.[21] Cuando Guadalupe salía al mercado, me encerraba con ellos en mi cuarto.

—Esta situación no puede continuar —le dije un día a Guadalupe.

—Tendremos que hacer algo y pronto —me contestó.

—¿Pero qué podemos hacer las dos solas?

—Solas, es verdad, pero con un odio...

Sus ojos tenían un brillo extraño. Sentí miedo y alegría.

La oportunidad llegó cuando menos la esperábamos. Mi marido partió para la ciudad a arreglar unos negocios. Tardaría en regresar, según me dijo, unos veinte días.

No sé si él se enteró de que mi marido se había marchado, pero ese día despertó antes de lo acostumbrado[22] y se situó frente a mi cuarto. Guadalupe y su niño durmieron en mi cuarto y por primera vez pude cerrar la puerta.

Guadalupe y yo pasamos casi toda la noche haciendo planes. Los niños dormían tranquilamente. De cuando en cuando[23] oíamos que llegaba hasta la puerta del cuarto y la golpeaba con furia...

Al día siguiente dimos de desayunar a los tres niños[24] y, para estar tranquilas y que no nos estorbaran en nuestros planes, los encerramos en mi cuarto. Guadalupe y yo teníamos muchas cosas por hacer y tanta prisa en realizarlas que no podíamos perder tiempo ni en comer.

Guadalupe cortó varias tablas, grandes y resistentes, mientras yo buscaba martillo y clavos. Cuando todo estuvo listo, llegamos sin hacer ruido

[19] **es realmente doloroso y deprimente contemplarte así** it's really painful and depressing to see you like this.

[20] **tan sola como un huérfano** as lonely as an orphan.

[21] **no se separaban de mi lado** they wouldn't leave my side.

[22] **antes de lo acostumbrado** earlier than usual.

[23] **De cuando en cuando** from time to time.

[24] **dimos de desayunar a los tres niños** we gave breakfast to the three children.

hasta el cuarto de la esquina. Las hojas de la puerta estaban entornadas. Conteniendo la respiración, bajamos los pasadores, después cerramos la puerta con llave[25] y comenzamos a clavar las tablas hasta clausurarla totalmente. Mientras trabajábamos, gruesas gotas de sudor nos corrían por la frente. No hizo entonces ruido, parecía que estaba durmiendo profundamente. Cuando todo estuvo terminado, Guadalupe y yo nos abrazamos llorando.

Los días que siguieron fueron espantosos. Vivió muchos días sin aire, sin luz, sin alimento... Al principio golpeaba la puerta, tirándose contra ella, gritaba desesperado, arañaba... Ni Guadalupe ni yo podíamos comer ni dormir, ¡eran terribles los gritos...! A veces pensábamos que mi marido regresaría antes de que hubiera muerto. ¡Si lo encontrara así...! Su resistencia fue mucha, creo que vivió cerca de dos semanas...

Un día ya no se oyó ningún ruido. Ni un lamento... Sin embargo, esperamos dos días más, antes de abrir el cuarto.

Cuando mi marido regresó, lo recibimos con la noticia de su muerte repentina y desconcertante.

EJERCICIOS: Comprensión inmediata

Read the following incomplete statements. Select the answer or completion that is best according to the story.

1. La mujer vivía
   a. sola.
   b. amargando a los vecinos.
   c. con su esposo e hijos.
   d. con su familia, su criada y el hijo de la criada.
2. La casa donde vivía la mujer
   a. estaba en un pueblo grande e importante.
   b. era demasiado pequeña para la familia.
   c. era muy grande y con un jardín en el centro.
   d. estaba en un pueblo muy cerca de la ciudad.
3. El esposo
   a. amaba inmensamente a su mujer y quería que fuera feliz.
   b. era indiferente a las necesidades de su mujer e ignoraba sus sentimientos e ideas.
   c. inspiraba confianza.
   d. maltrataba al huésped para complacer a su mujer.

[25] **cerramos la puerta con llave** we locked the door.

4. El esposo asignó al huésped
    a. un cuarto grande y con mucha luz.
    b. un cuarto pequeño y oscuro.
    c. un cuarto pequeño y húmedo.
    d. un cuarto grande, húmedo y oscuro.

5. A la mujer le gustaba pasar algún tiempo
    a. cuidando su jardín.
    b. entreteniendo al huésped.
    c. hablando por teléfono.
    d. enseñando al hijo de la criada.

6. A veces el huésped
    a. dejaba su cuarto e iba detrás de la mujer.
    b. jugaba con los niños.
    c. ayudaba a la mujer en el jardín.
    d. ayudaba a la criada con los mandados.

7. La mujer
    a. sentía lástima por el huésped.
    b. sentía pavor y odio hacia el huésped.
    c. se hizo muy amiga del huésped.
    d. trabajaba con el huésped.

8. Una noche la mujer
    a. invitó al huésped a cenar con ella.
    b. hizo que su esposo se lo llevara al pueblo.
    c. le arrojó una lámpara de gasolina al huésped.
    d. murió de hambre.

9. Guadalupe era
    a. la dueña de casa.
    b. la criada.
    c. la hermana del hombre.
    d. la madre de la mujer

10. Un día Guadalupe y la mujer
    a. vendieron al huésped.
    b. fueron a vivir a la ciudad.
    c. arañaron al hijo de Guadalupe y lo golpearon.
    d. encerraron al huésped en su cuarto y lo dejaron morir de hambre.

A. *Cuestionario*

1. ¿Cuándo trajo el esposo al huésped a la casa?
2. ¿Por qué no era feliz la mujer?
3. ¿Cómo era el pueblo en que vivía la mujer y su familia?
4. ¿Cómo era el huésped?
5. ¿Cómo era el cuarto del huésped?
6. ¿Cuál era la tarea diaria de la mujer?
7. ¿A quién ignoraba el huésped?

8. ¿Cómo reaccionaba la mujer cuando veía al huésped detrás de ella en la cocina?
9. ¿Por qué no podía la mujer cerrar la puerta de noche?
10. ¿Dónde estaba el huésped cuando la mujer le arrojó la lámpara?
11. ¿A quién atacó el huésped cuando Guadalupe había salido a la compra?
12. ¿Cómo se libraron del huésped Guadalupe y la mujer?

B. *Discusión y opiniones*
1. Según las descripciones que da la mujer del huésped, ¿qué clase de criatura era?
2. En su opinión, ¿por qué trajo el marido al huésped?
3. ¿Este cuento le implica a Ud. algo acerca de la condición de la mujer en el mundo hispano?
4. Si Ud. fuera la mujer del hombre en este cuento, ¿cómo reaccionaría ante la conducta de él?
5. Describa Ud. el desarrollo emocional de la mujer con relación al huésped y al marido.

C. *Ejercicios de vocabulario*

1. Find the antonym imbedded in each of the following words, as in the model.

MODEL: desaparecer   aparecer

    a. desdicha   _____

    b. desconfianza   _____

    c. inofensivo   _____

    d. inconveniente   _____

    e. desocupado   _____

    f. descubrir   _____

    g. desafortunadamente   _____

    h. intranquilo   _____

2. Taking into account the plot of the story, complete each sentence with the correct word from the following list.

mientras	penetrante	reprimir
pavor	pequeño	pieza
huérfano	estufa	corredores
madrugada		

    a. Ella no pudo _____ un grito de horror.

    b. El cuarto del huésped era una _____ grande, húmeda y oscura.

    c. Guadalupe también sentía _____ del huésped.

    d. Los _____ estaban cubiertos por enredaderas.

    e. _____ la mujer regaba las plantas, los niños buscaban gusanos.

    f. A veces la sombra del huésped se proyectaba sobre la _____ de leña.

    g. Él comía en la _____ .

    h. Guadalupe dormía con su _____ .

    i. El huésped tenía la mirada fija y _____ .

    j. La mujer se sentía tan sola como un _____ .

D. *Repaso gramatical (verbos irregulares del pretérito)*

In each of the following sentences, change the italicized verb according to the cues and rewrite the sentence using the preterite tense.

    a. Él lo *trajo* al regreso de un viaje.

    (tú, yo, Uds.)   _____

                                            _____

                                            _____

    b. No *pude* reprimir un grito de horror.

    (tú y yo, él, tú)   _____

                                            _____

                                            _____

    c. Nunca *supe* a qué hora se acostaba.

    (Ud., los niños, ella)   _____

                                            _____

                                            _____

    d. Él no *hizo* ruido.

    (tú, yo, Guadalupe y tú)   _____

                                            _____

                                            _____

    e. *Oí* el llanto del pequeño.

    (él, nosotras, ellas)   _____

                                            _____

                                            _____

f. Al día siguiente *dimos* de desayunar a los niños.

(yo, tú, Guadalupe)

_____

_____

_____

g. *Fui* a verlo varias veces.

(Uds., nosotros, él)

_____

_____

_____

7

EN LA POLICÍA

ROBERTO J. PAYRÓ

The Argentine journalist Roberto J. Payró (1867–1928) lived and wrote during a period of great change in his country. The commercialization of the Pampa and the sudden influx of European immigrants created much political and social upheaval in Argentina at the turn of the century.

Payró spent the greater part of his career (some 36 years) as a reporter for the well-known Argentine daily *La Nación*. Frequent assignments for *La Nación* took Payró to all parts of Argentina and allowed him to gather firsthand knowledge of his country and its people. This experience and his desire to unmask the political corruption that he felt to be rife throughout Argentina form the material for his better known novels and stories: *El casamiento de Laucha* (1906), *Pago Chico* (1908), and *Las divertidas aventuras del nieto de Juan Moreira* (1910).

The story that follows, "En la policía," comes from *Pago Chico,* a collection of anecdotes that take place in a small provincial town, perhaps Bahía Blanca, where Payró himself once lived.

Although he wishes to make the reader laugh at his country jail where the prisoner looks out for his drunken guard, Payró also highlights the fact that many public officials of his day were a greater menace to society than the convicted criminals themselves.

EN LA POLICÍA

No siempre había sido Barraba el comisario de Pago Chico; necesitóse[1] de graves acontecimientos políticos para que tan alta personalidad policial fuera a poner en vereda[2] a los revoltosos pagochiquenses.

Antes de él, es decir, antes de que se fundara *La Pampa* y se formara el comité de oposición, cualquier funcionario era bueno para aquel pueblo tranquilo entre los pueblos tranquilos.

El antecesor de Barraba fue un tal[3] Benito Páez, gran truquista[4] no poco aficionado al porrón[5] y por lo demás excelente individuo, salvo la inveterada costumbre[6] de no tener gendarmes sino en número reducidísimo —aunque las planillas[7] dijeran lo contrario—,[8] para crearse honestamente un sobresueldo con las mesadas vacantes.[9]

—¡El comisario Páez —decía Silvestre— se come diez o doce vigilantes al mes![10]

La tenida de truco[11] en el Club Progreso, las carreras[12] en la pulpería de La Polvareda, las riñas de gallos dominicales,[13] y otros quehaceres no menos perentorios, obligaban a don Benito Páez a frecuentes, a casi reglamentarias ausencias de la comisaría. Y está probado que nunca hubo tanto orden ni tanta paz en Pago Chico. Todo fue ir un comisario activo con una docena de vigilantes más,[14] para que comenzaran los escándalos y las prisiones, y para que la gente anduviera con el Jesús en la boca,[15] pues hasta los rateros pululaban. Saquen otros las consecuencias filosóficas de este hecho experimental. Nosotros vamos al cuento aunque quizá algún lector lo haya oído ya, pues se hizo famoso en aquel tiempo, y los viejos del pago lo repiten a menudo.[16]

[1] **necesitóse** se necesitó.
[2] **poner en vereda** to put on the track.
[3] **un tal** a certain.
[4] **gran truquista** a good billiard player.
[5] **aficionado al porrón** a fan of drinking (*porrón*—large wine carafe with long side spout for communal drinking).
[6] **la inveterada costumbre** deep-rooted habit.
[7] **las planillas** the payroll.
[8] **lo contrario** the opposite.
[9] **para crearse honestamente un sobresueldo con las mesadas vacantes** to honestly create for himself extra pay with the nonexistent monthly payroll.

[10] **se come diez o doce vigilantes al mes** takes the salary of ten or twelve (nonexistent) officers every month.
[11] **La tenida de truco** The meeting for the billiard game.
[12] **las carreras** the races.
[13] **las riñas de gallos dominicales** the Sunday cockfights.
[14] **Todo fue ir un comisario activo con una docena de vigilantes más** It was all a matter of the arrival of an active chief of police with a dozen more officers.
[15] **para que la gente anduviera con el Jesús en la boca** so that the people would go around half-frightened to death (with Jesus' name on their lips).
[16] **a menudo** frequently.

Sucedió, pues, que un nuevo jefe de policía, tan entrometido como mal inspirado, resolvió conocer el manejo y situación de los subalternos rurales y sin decir ¡agua va![17] destacó inspectores que fueran a escudriñar cuanto pasaba en las comisarías. Como sus colegas, don Benito ignoró hasta el último momento la sorpresa que se le preparaba, y ni dejó su truco, sus carreras y sus riñas, ni se ocupó de reforzar el personal con gendarmes de ocasión.[18]

Cierta noche lluviosa y fría, en que Pago Chico dormía entre la sombra y el barro, sin otra luz que la de las ventanas del Club Progreso, dos hombres a caballo, envueltos en sendos ponchos,[19] con el ala del chambergo sobre los ojos, entraron al tranquilo al pueblo, y se dirigieron a la plaza principal, calados por la lluvia y recibiendo las salpicaduras de los charcos. Sabido es que la Municipalidad corría parejas[20] con la policía, y que aquellas calles eran modelo de intransitabilidad.

Las dos sombras mudas siguieron avanzando sin embargo, como dos personajes de novela caballeresca, y llegaron a la puerta de la comisaría, herméticamente cerrada. Una de ellas, la que montaba el mejor caballo —y en quien el lector perspicaz habrá reconocido al inspector de marras,[21] como habrá reconocido en la otra a su asistente—, trepó a la acera sin desmontar, dio tres fuertes golpes en el tablero de la puerta con el cabo del rebenque...

Y esperó.

Esperó un minuto, impacientado por la lluvia que arreciaba, y refunfuñando un terno[22] volvió a golpear con mayor violencia.

Igual silencio. Nadie se asomaba, ni en el interior de la comisaría se notaba movimiento alguno.

Repitió el inspector una, dos y tres veces el llamado, condimentándolo cada uno de ellos con mayor proporción de ajos y cebollas,[23] y por fin allá a las cansadas[24] entreabrióse la puerta, vióse por la rendija la llama vacilante de una vela de sebo, y a su luz un ente andrajoso y soñoliento, que miraba al importuno con ojos entre asombrados y dormidos, mientras abrigaba la vela en el hueco de la mano.

—¿Está el comisario? —preguntó el inspector bronco y amenazante.

El otro, humilde, tartamudeando, contestó.

---

[17] **sin decir ¡agua va!** without giving a warning! (In some Hispanic countries people throw water and waste into the street. To avoid wetting passersby, the person who throws the water gives the warning, "¡agua va!" The passersby wait until the water is dumped.)
[18] **de ocasión** provisional.

[19] **envueltos en sendos ponchos** each one wrapped in a poncho.
[20] **corría parejas** was on a par.
[21] **de marras** mentioned before.
[22] **refunfuñando un terno** angrily muttering some curses.
[23] **ajos y cebollas** curse words (literally, garlic and onions).
[24] **a las cansadas** in a tiresome way.

—No, señor.

—¿Y el oficial?

—Tampoco, señor.

El inspector, furioso, se acomodó mejor en la montura, echóse un poco para atrás, y ordenó perentoriamente:

—¡Llame al cabo de cuarto!

—¡No... no... hay, señor!

—De modo que[25] no hay nadie aquí, ¿no?

—Sí, se... señor... Yo.

—¿Y usted es agente?

—No, señor... yo... yo soy preso.

Una carcajada del inspector acabó de asustar al pobre hombre, que temblaba de pies a cabeza.

—¿Y no hay ningún gendarme en la comisaría?

—Sí, se... señor... Está Petronilo... que lo tra... lo traí[26] de la esquina bo... borracho, ¡sí, se... señor!... Está durmiendo en la cuadra.

Una hora después don Benito se esforzaba en vano por dar explicaciones de su conducta al inspector, que no las aceptaba de ninguna manera.[27] Pero afirman las malas lenguas, que cuando no se limitó a dar simples explicaciones, todo quedó arreglado[28] satisfactoriamente; y lo probaría el hecho de que su sistema no sufrió modificación, y de que el preso-portero y protector de agentes descarriados siguió largos meses desempeñando sus funciones caritativas y gratuitas.

EJERCICIOS: Comprensión inmediata

Indicate whether the following statements are true or false according to the story. If a statement is false, explain why and give the correct answer.

1. El comisario que antecedía a Barraba se llamaba Benito Páez.
2. Páez tenía la costumbre de tener muchos gendarmes.
3. Sus pasatiempos favoritos eran el truco, el porrón, las carreras y las riñas de gallos.
4. Los pasatiempos de don Benito le obligaban a pasar largas horas en la comisaría.
5. Sólo comenzaron los escándalos cuando vino un comisario más activo.
6. Don Benito esperaba la llegada del inspector.
7. Hacía buen tiempo la noche en que llegaron el inspector y su asistente.

---

[25] **De modo que** So.
[26] **lo traí** lo traje.

[27] **de ninguna manera** in any way whatsoever.
[28] **quedó arreglado** was arranged.

8. Don Benito mismo contestó la llamada del inspector.
9. El inspector no aceptaba las explicaciones de don Benito.
10. Todo se arregló cuando don Benito no se limitó a dar simples explicaciones.

A. *Cuestionario*

1. ¿Cómo se llamaba el antecesor de Barraba?
2. ¿Por qué sólo tenía gendarmes en número reducidísimo?
3. ¿Qué quehaceres obligaban a don Benito Páez a frecuentes ausencias de la comisaría?
4. ¿Qué resolvió hacer el nuevo jefe de policía?
5. ¿Sabía don Benito de la visita del inspector?
6. ¿Cómo era la noche en que los dos hombres entraron al pueblo?
7. ¿Quiénes eran los dos hombres?
8. ¿Cuántas veces tuvo que llamar el inspector?
9. ¿Cómo era el hombre que abrió la puerta?
10. ¿Estaba el comisario? ¿el oficial? ¿el cabo de cuarto?
11. ¿Quién era el hombre que contestó la llamada?
12. ¿Había algún gendarme en la comisaría?
13. ¿Por qué no vino Petronilo a recibir al inspector?
14. ¿Qué hacía don Benito una hora después?
15. ¿Sufrió modificación el sistema de don Benito? ¿Por qué?

B. *Discusión y opiniones*

1. ¿Quiénes son los verdaderos criminales en este pueblo?
2. ¿Cree Ud. que el plan de inspeccionar las comisarías rurales puso fin a la corrupción de los oficiales? ¿Por qué?
3. En su opinión, ¿cómo se puede evitar la corrupción entre los funcionarios públicos?

C. *Ejercicios de vocabulario*

Sustantivos

explicaciones	golpes
el porrón	el comisario
inspector	jefe
las planillas	las riñas
asistente	el truco
la comisaría	las prisiones
preso	vigilantes

Adjetivos

asombrados	andrajoso
lluviosa	frecuentes
borracho	reducidísimo

Verbos

comenzaron	escudriñar
destacó	se esforzaba
limitarse	se entreabrió

Expresiones

las malas lenguas	acababa de traer
un tal	de ninguna manera

1. Taking into account the plot of the story, complete each sentence with the correct words or expressions from the preceding list.

   a. Antes de Barraba _____ de Pago Chico había sido _____ Benito Páez.

   b. Aunque _____ decían lo contrario, Páez tenía un número _____ de gendarmes.

   c. Sus pasatiempos favoritos eran _____ , _____ , las carreras y _____ de gallos.

   d. Estos quehaceres le obligaban a don Benito a _____ ausencias de _____ .

   e. Sólo _____ los escándalos y _____ cuando vino un comisario más activo con una docena de _____ .

   f. Un nuevo _____ de policía _____ inspectores que fueran a _____ las comisarías remotas.

   g. El inspector y su _____ llegaron una noche _____ y fría y dieron tres fuertes _____ en la puerta.

   h. Por fin, a las cansadas, _____ la puerta y contestó un ente _____ que miraba con ojos _____ .

   i. El pobre era _____ y _____ al único gendarme de la esquina _____ .

   j. Pronto don Benito _____ por dar explicaciones, pero el _____ no las aceptaba _____ .

   k. Sin embargo, según _____ , todo se arregló satisfactoriamente cuando don Benito dejó de _____ a dar simples _____ .

2. The suffix *-ísimo* intensifies the force of an adjective. Preceding an adjective with *muy* has the same effect. Rewrite the following expressions using the suffix *-ísimo*.

    a. muy reducido   reducidísimo

    b. muy tranquilo   _____

    c. muy asombrado   _____

    d. muy humilde   _____

    e. muy furioso   _____

3. Many Spanish adjectives are transformed into adverbs by adding the suffix *-mente* to their feminine forms. Change the following adjectives to adverbs ending in *-mente*.

    a. honesto   honesta   _____

    b. hermético   hermética   _____

    c. perentorio   perentoria   _____

    d. satisfactorio   satisfactoria   _____

    e. filosófico   filosófica   _____

D. *Repaso gramatical (el imperfecto del subjuntivo)*

Complete each sentence by using the appropriate imperfect subjunctive construction.

    a. Las planillas decían lo contrario.

       Páez tenía muy pocos gendarmes aunque _____ .

    b. Se formó el comité de oposición.

       El cuento ocurrió antes de que _____ .

    c. Don Benito no se limitó a dar simples explicaciones.

       El inspector no haría nada con tal que _____ .

    d. Comenzaron los escándalos y las prisiones.

       Sólo necesitaron un comisario más activo para que _____ .

    e. Los comisarios recibieron un aviso.

       Destacó a los inspectores sin que _____ .

    f. Páez le dio más que explicaciones.

       No saldría a menos que _____ .

    g. Los inspectores fueron a examinar las comisarías.

       El jefe mandó que _____ .

h. Eran honrados.

Necesitaban unos oficiales que _____ .

i. Alguien vino a la puerta.

El inspector demandó que _____ .

j. Don Benito no estaba en la pulpería.

No había día en que _____ .

8

EL FIN

JORGE LUIS BORGES

Jorge Luis Borges (b. 1899) has not only been a primary figure in contemporary Argentine letters but also one of the foremost contributors to the recent international flowering of Latin American fiction. Although Borges has written extensively in several genres—poetry, essay, and narrative—his international fame is owed to his short stories.

Contrary to the socially committed stand of many Latin American authors, Borges's stories tend to be cosmopolitan and universal in tone and theme. His view of life as a labyrinth whose infinite ironies constantly refute the efforts of man to control his own destiny is a basic structural form for many of his stories.

The story that follows may be read on two distinct levels. For the reader unfamiliar with Argentine literature, it may simply be seen as a tale of vengeance that culminates in a brief but definitive encounter between two Gauchos in a remote corner of the wild Argentine Pampa. On the other hand, those who have read *Martín Fierro*, the famous nineteenth century epic of the Gaucho by José Hernández, will discover that Borges has created an extension of this work in his story. Borges's victorious black Gaucho is revealed to be the brother of one of the characters who fell victim to Martín Fierro's knife in the poem by Hernández. Typical of Borges's belief that events and personalities repeat themselves endlessly is the fact that the duel in the present story precisely parallels its predecessor in Hernández's work except for its inverted outcome, the death of Martín Fierro.

The terrifying violence of the knife fight is deceivingly mitigated by the unemotional dialogue of the two combatants, a technique well known to all readers who are familiar with the shoot-outs that mark the high point of so many novels and films based on the exploits of the North American cowboy.

EL FIN

Recabarren, tendido, entreabrió los ojos y vio el oblicuo cielo raso de junco. De la otra pieza le llegaba un rasgueo de guitarra, una suerte de pobrísimo laberinto que se enredaba y desataba infinitamente... Recobró poco a poco la realidad, las cosas cotidianas que ya no cambiaría nunca por otras. Miró sin lástima[1] su gran cuerpo inútil, el poncho de lana ordinaria que le envolvía las piernas. Afuera, más allá de los barrotes de la ventana, se dilataban la llanura y la tarde; había dormido, pero aun quedaba mucha luz en el cielo. Con el brazo izquierdo tanteó, hasta dar con[2] un cencerro de bronce que había al pie del catre. Una o dos veces lo agitó; del otro lado de la puerta seguían llegándole los modestos acordes. El ejecutor[3] era un negro que había aparecido una noche con pretensiones de cantor y que había desafiado a otro forastero a una larga payada de contrapunto.[4] Vencido, seguía frecuentando la pulpería, como a la espera de alguien. Se pasaba las horas con la guitarra, pero no había vuelto a cantar; acaso la derrota lo había amargado. La gente ya se había acostumbrado a ese hombre inofensivo. Recabarren, patrón de la pulpería, no olvidaría ese contrapunto; al día siguiente, al acomodar unos tercios de yerba, se le había muerto bruscamente el lado derecho[5] y había perdido el habla. A fuerza de apiadarnos de las desdichas de los héroes de las novelas concluimos apiadándonos con exceso de las desdichas propias;[6] no así el sufrido Recabarren, que aceptó la parálisis como antes había aceptado el rigor y las soledades de América. Habituado a vivir en el presente, como los animales, ahora miraba el cielo y pensaba que el cerco rojo de la luna era señal de lluvia.

Un chico de rasgos aindiados (hijo suyo, tal vez) entreabrió la puerta. Recabarren le preguntó con los ojos si había algún parroquiano. El chico, taciturno, le dijo por señas que no; el negro no contaba. El hombre postrado se quedó solo; su mano izquierda jugó un rato con el cencerro, como si ejerciera un poder.

La llanura, bajo el último sol, era casi abstracta, como vista en un sueño. Un punto se agitó en el horizonte y creció hasta ser un jinete, que venía, o parecía venir, a la casa. Recabarren vio el chambergo, el

---

[1] **sin lástima**   without pity.
[2] **hasta dar con**   until he found.
[3] **El ejecutor**   The player.
[4] **payada de contrapunto**   In South America, especially in Gaucho life, a contest between traveling singers.
[5] **se le había muerto bruscamente el lado derecho**   his right side had suddenly become paralyzed.

[6] **A fuerza de apiadarnos de las desdichas de los héroes de las novelas concluimos apiadándonos con exceso de las desdichas propias**   Because of our feeling pity for the misfortunes of the heroes in novels, we end up feeling excessive pity for our own misfortunes.

largo poncho oscuro, el caballo moro, pero no la cara del hombre, que, por fin, sujetó el galope y vino acercándose al trotecito. A unas doscientas varas dobló.[7] Recabarren no lo vio más, pero lo oyó chistar, apearse, atar el caballo al palenque y entrar con paso firme en la pulpería.

Sin alzar los ojos del instrumento, donde parecía buscar algo, el negro dijo con dulzura.

—Ya sabía yo, señor, que podía contar con usted.[8]

El otro, con voz áspera, replicó.

—Y yo con vos,[9] moreno. Una porción de días te hice esperar, pero aquí he venido.

Hubo un silencio. Al fin, el negro respondió.

—Me estoy acostumbrando a esperar. He esperado siete años.

El otro explicó sin apuro.

—Más de siete años pasé yo sin ver a mis hijos. Los encontré ese día y no quise mostrarme como un hombre que anda a puñaladas.[10]

—Ya me hice cargo[11] —dijo el negro—. Espero que los dejó con salud.

El forastero, que se había sentado en el mostrador, se rio de buena gana. Pidió una caña y la paladeó sin concluirla.

—Les di buenos consejos —declaró—, que nunca están de más[12] y no cuestan nada. Les dije, entre otras cosas, que el hombre no debe derramar la sangre del hombre.

Un lento acorde precedió la respuesta del negro.

—Hizo bien. Así no se parecerán a nosotros.

—Por lo menos a mí —dijo el forastero y añadió como si pensara en voz alta—. Mi destino ha querido que yo matara y ahora, otra vez, me pone el cuchillo en la mano.

El negro, como si no lo oyera, observó.

—Con el otoño se van acortando los días.

—Con la luz que queda me basta —replicó el otro, poniéndose de pie.[13]

Se cuadró[14] ante el negro y le dijo como cansado.

—Dejá en paz la guitarra, que hoy te espera otra clase de contrapunto.

Los dos se encaminaron a la puerta. El negro, al salir, murmuró.

—Tal vez en éste me vaya tan mal[15] como en el primero.

El otro contestó con seriedad.

---

[7] **A unas doscientas varas dobló** At about two hundred yards he turned.

[8] **podía contar con usted** I could count on you.

[9] **Y yo con vos** And I on you.

[10] **que anda a puñaladas** who's always looking for a fight.

[11] **Ya me hice cargo** I understood.

[12] **que nunca están de más** which are never superfluous.

[13] **poniéndose de pie** standing up.

[14] **Se cuadró** He stood squarely.

[15] **me vaya tan mal** it will go as badly for me.

—En el primero no te fue mal. Lo que pasó es que andabas ganoso[16] de llegar al segundo.

Se alejaron un trecho de las casas, caminando a la par.[17] Un lugar de la llanura era igual a otro y la luna resplandecía. De pronto[18] se miraron, se detuvieron y el forastero se quitó las espuelas. Ya estaban con el poncho en el antebrazo, cuando el negro dijo.

—Una cosa quiero pedirle antes que nos trabemos. Que en este encuentro ponga todo su coraje y toda su maña, como en aquel otro de hace siete años,[19] cuando mató a mi hermano.

Acaso por primera vez en su diálogo, Martín Fierro oyó el odio. Su sangre lo sintió[20] como un acicate. Se entreveraron y el acero filoso rayó y marcó la cara del negro.

Hay una hora de la tarde en que la llanura está por decir algo; nunca lo dice o tal vez lo dice infinitamente y no lo entendemos, o lo entendemos pero es intraducible como una música... Desde su catre, Recabarren vio el fin. Una embestida y el negro reculó, perdió pie, amagó un hachazo a la cara y se tendió en una puñalada profunda, que penetró en el vientre. Después vino otra que el pulpero no alcanzó a precisar[21] y Fierro no se levantó. Inmóvil, el negro parecía vigilar su agonía laboriosa. Limpió el facón ensangrentado en el pasto y volvió a las casas con lentitud, sin mirar para atrás. Cumplida su tarea de justiciero, ahora era nadie. Mejor dicho[22] era el otro: no tenía destino sobre la tierra y había matado a un hombre.

EJERCICIOS: Comprensión inmediata

Read the following incomplete statements. Select the answer or completion that is best according to the story.

1. Recabarren
   a. era un jefe gaucho.
   b. dormía de día y trabajaba de noche.
   c. había perdido el habla por la parálisis.
   d. era amigo del negro.
2. El cincerro servía
   a. para asustar a las culebras.
   b. para llamar los caballos al corral.
   c. para marcar el comienzo de una payada.
   d. de medio de comunicación entre Recabarren y el chico aindiado.

---

[16] **andabas ganoso** you were eager.
[17] **caminando a la par** walking together.
[18] **De pronto** suddenly.
[19] **hace siete años** seven years ago.
[20] **lo sintió** felt it.
[21] **no alcanzó a precisar** could not see.
[22] **Mejor dicho** To put it more exactly.

3. Desde su lugar Recabarren
   a. escuchaba a alguien que tocaba un piano.
   b. oyó la música de una guitarra.
   c. vio cómo el aindiado se comió los dulces.
   d. podía ver el interior de la tienda.
4. El negro
   a. era muy amigo de Recabarren.
   b. era el padre del aindiado. ˙
   c. había perdido una payada de contrapunto.
   d. vendía caballos moros.
5. La pulpería
   a. pertenecía al paralítico.
   b. era propiedad del jinete.
   c. fue comprada por unos gauchos.
   d. fue robada por el aindiado.
6. El jinete venía en busca
   a. de sus hijos.
   b. del negro.
   c. de un caballo moro.
   d. de Recabarren.
7. El jinete entró en la pulpería para
   a. limpiar el facón.
   b. hablar con el chico.
   c. hablar con el negro.
   d. matar a Recabarren.
8. La espera del negro
   a. le fastidiaba.
   b. duró siete años.
   c. no tuvo resultado satisfactorio.
   d. se acortaba con el otoño.
9. Entre otras cosas el forastero
   a. compró ropa en la pulpería.
   b. aconsejó a sus hijos que no mataran a ningún ser humano.
   c. tocó la guitarra del negro.
   d. escuchó la historia de Recabarren.
10. El negro quería vengarse de Martín Fierro porque éste
    a. había matado a su hermano.
    b. había ganado la payada de contrapunto.
    c. había dicho que la presencia del negro le molestaba.
    d. le había robado la guitarra de su hermano.

A. Cuestionario

1. ¿Qué sonidos le van llegando a Recabarren desde la otra pieza?
2. ¿Quién era el ejecutor de los modestos acordes?
3. ¿Qué es una payada de contrapunto?

4. ¿Por qué no había vuelto a cantar el negro?
5. ¿Por qué no olvidaría Recabarren ese contrapunto?
6. ¿Qué vio Recabarren agitarse en el horizonte?
7. ¿Cuánto tiempo había esperado el negro la llegada del jinete?
8. ¿Qué ha querido el destino del forastero?
9. ¿A dónde se alejaron los dos?
10. ¿A quién mató Martín Fierro hace siete años?
11. ¿Quién no se levantó después de la puñalada profunda?
12. ¿Qué hizo el negro después?

B. *Discusión y opiniones*

1. ¿Cuál es la importancia de Recabarren en este cuento?
2. ¿En qué elementos del cuento se ve expresado el fatalismo del gaucho?
3. Aunque se puede considerar "El fin" un cuento regional, ¿es posible interpretarlo como universal?

C. *Ejercicios de vocabulario*

1. Supply the missing forms of the related words.

   a. inútil   inutilidad

   　final   ＿＿＿＿＿＿＿＿

   b. largo   largura

   　dulce   ＿＿＿＿＿＿＿＿

   c. áspero   aspereza

   　＿＿＿＿＿＿＿＿   pobreza

   　firme   ＿＿＿＿＿＿＿＿

   d. silencio   silencioso

   　odio   ＿＿＿＿＿＿＿＿

   　＿＿＿＿＿＿＿＿   filoso

2. Based on the corresponding adjectives, give the English equivalents of the following verbs.

MODEL:	corto	short	acortar	to shorten
a.	piadoso	pious	apiadarse	＿＿＿＿＿＿
b.	lejos	far	alejarse	＿＿＿＿＿＿
c.	seguro	sure	asegurar	＿＿＿＿＿＿
d.	flojo	loose	aflojar	＿＿＿＿＿＿
e.	largo	long	alargar	＿＿＿＿＿＿
f.	chico	little	achicar	＿＿＿＿＿＿
g.	blando	soft	ablandar	＿＿＿＿＿＿

3. Complete each of the following sentences by filling in the blank with the correct form of the word related to the word in parentheses.

a. (oscuridad) Vio el largo poncho _____ .

b. (aspereza) El otro, con voz _____ , replicó.

c. (serio) El otro contestó con _____ .

d. (filo) El acero _____ marcó la cara del negro.

e. (ensangrentar) Limpió el facón _____ en el pasto.

f. (destinado) No tenía _____ sobre la tierra.

g. (lento) Volvió a las casas con _____ .

h. (derrame) El hombre no debe _____ la sangre del hombre.

i. (mostrar) Se había sentado en el _____ .

j. (derrotar) La _____ lo había amargado.

D. *Repaso gramatical (el pluscuamperfecto)*

Rewrite the following sentences, changing the italicized verbs to the pluperfect (past perfect) tense.

a. Recabarren *dormía,* pero aún quedaba mucha luz en el cielo.

_____

b. El negro y otro cantor *se desafiaron* a una larga payada de contrapunto.

_____

c. Se pasaba las horas con la guitarra pero no *volvió* a cantar.

_____

d. A Recabarren se le *murió* bruscamente el lado derecho.

_____

e. *Aceptamos* el rigor y las soledades de América.

_____

f. No *quise* mostrarme como un hombre que anda a puñaladas.

_____

g. Tú *te sentaste* en el mostrador al lado del forastero.

_____

h. Su destino no *quiso* que matara otra vez.

_____

i. *Nos alejamos* un trecho de las casas antes de comenzar.

_____

j. Recabarren *vio* el fin.

_____

9

LA PARED

VICENTE BLASCO IBÁÑEZ

César Barja observes that the protagonists of Vicente Blasco Ibáñez (1867–1928) are all reflections of their creator. They are men
and women of action, impulsive, sensual, and materialistic. Indeed,
Blasco Ibáñez was all of these things and more. He was a political
activist and social reformer whose career moved precariously between election to the Cortes (the Spanish parliament) and sentencing
to prison. Besides his political career, Blasco managed to found and
edit his own newspaper, travel widely, establish a pioneer colony in
Argentina, and write a vast number of novels and short stories.

At his death he was probably the best known Spanish novelist in
the world. Some of his works were made into films; such as, *Sangre
y arena* (1908), which deals with the rise and fall of a famous bull-
fighter, and *Los cuatro jinetes del Apocalipsis* (1916), a powerful novel
about the First World War with propagandistic overtones in favor of
the Allies.

Many critics agree that Blasco's earlier, regionalistic novels and
short stories are his best. In them he describes the people, places,
and customs of his native Valencia. "La pared," the selection that
follows, comes from one of these earlier works, *La condenada* (1900).
It vividly points out to us that we never know from whence our savior
may come in a moment of peril and crisis. In this case, an act of
heroic self-sacrifice wipes out generations of hatred and feuding between two Valencian families.

73

LA PARED

Siempre que los nietos del tío *Rabosa* se encontraban con los hijos de la viuda de *Casporra* en las sendas de la huerta o en las calles de Campanar, todo el vecindario comentaba el suceso. ¡Se habían mirado!... ¡Se insultaban con el gesto!... Aquello acabaría mal, y el día menos pensado el pueblo sufriría un nuevo disgusto.

El alcalde, con los vecinos más notables, predicaba paz a los mocetones de las dos familias enemigas, y allá iba el cura, un vejete de Dios, de una casa a otra recomendando el olvido de las ofensas.

Treinta años que los odios de los *Rabosas* y *Casporras* traían alborotado a Campanar. Casi en las puertas de Valencia, en el risueño pueblecito que desde la orilla del río miraba a la ciudad con los redondos ventanales de su agudo campanario, repetían aquellos bárbaros, con un rencor africano, la historia de luchas y violencias de las grandes familias italianas en la Edad Media. Habían sido grandes amigos en otro tiempo; sus casas, aunque situadas en distinta calle, lindaban por los corrales, separados únicamente por una tapia baja. Una noche, por cuestiones de riego,[1] un *Casporra* tendió en la huerta de un escopetazo a un hijo del tío *Rabosa*, y el hijo menor de éste, porque no se dijera que en la familia no quedaban hombres, consiguió, después de un mes de acecho, colocarle una bala entre las cejas del matador. Desde entonces las dos familias vivieron para exterminarse, pensando más en aprovechar los descuidos del vecino que el cultivo de las tierras. Escopetazos en medio de la calle; tiros que al anochecer relampagueaban desde el fondo de una acequia o tras los cañares o ribazos cuando el odiado enemigo regresaba del campo; alguna vez, un *Rabosa* o un *Casporra*, camino del cementerio con una onza de plomo dentro del pellejo, y la sed de venganza sin extinguirse, antes bien extremándose con las nuevas generaciones,[2] pues parecía que en

---

[1] **por cuestiones de riego** Since Moorish times (the eighth century A.D.) the distribution of water for irrigation of the farmland around Valencia has been controlled by a strict system of traditional laws. Normally, a board of elders (el Tribunal de las aguas) resolves the conflicts which arise concerning the allocation and use of the water supply. The *Casporras* and *Rabosas*, obviously, have bypassed this system and have resorted to violence in order to settle their disputes.

[2] **alguna vez, un *Rabosa* o un *Casporra*, camino del cementerio con una onza de plomo dentro del pellejo, y la sed de venganza sin extinguirse, antes bien extremándose con las nuevas generaciones** now and then, a *Rabosa* or a *Casporra*, on his way to the cemetery with an ounce of lead in his hide, and the thirst for vengeance unsatisfied, on the contrary, it seemed to increase itself with the new generations.

las dos casas los chiquitines salían ya del vientre de sus madres tendiendo las manos a la escopeta para matar a los vecinos.

Después de treinta años de lucha, en casa de los *Casporras* sólo quedaba una viuda con tres hijos mocetones que parecían torres de músculos. En la otra estaba el tío *Rabosa,* con sus ochenta años, inmóvil en un sillón de esparto, con las piernas muertas por la parálisis, como un arrugado ídolo de la venganza, ante el cual juraban sus dos nietos defender el prestigio de la familia.

Pero los tiempos eran otros. Ya no era posible ir a tiros, como sus padres, en plena plaza, a la salida de misa mayor. La Guardia Civil[3] no los perdía de vista; los vecinos los vigilaban, y bastaba que uno de ellos se detuviera algunos minutos en una senda o una esquina para verse al momento rodeado de gente que le aconsejaba la paz. Cansados de esta vigilancia, que degeneraba en persecución y se interponía entre ellos como infranqueable obstáculo, *Casporras* y *Rabosas* acabaron por no buscarse, y hasta se huían cuando la casualidad los ponía frente a frente.

Tal fue su deseo de aislarse y no verse, que les pareció baja la pared que separaba sus corrales. Las gallinas de unos y otros, escalando los montones de leña, fraternizaban en lo alto de las bardas; las mujeres de las dos casas cambiaban desde las ventanas gestos de desprecio. Aquello no podía resistirse; era como vivir en familia, y la viuda de *Casporra* hizo que sus hijos levantaran la pared una vara.[4] Los vecinos se apresuraron a manifestar su desprecio con piedra y argamasa, y añadieron algunos palmos más a la pared. Y así, en esta muda y repetida manifestación de odio, la pared fue subiendo y subiendo. Ya no se veían las ventanas; poco después no se veían los tejados; las pobres aves de corral estremecíanse en la lúgubre sombra de aquel paredón que les ocultaba parte del cielo, y sus cacareos sonaban tristes y apagados a través de aquel muro, monumento del odio, que parecía amasado con los huesos y la sangre de las víctimas.

Así transcurrió el tiempo para las dos familias, sin agredirse como en otra época, pero sin aproximarse; inmóviles y cristalizadas en su odio.

Una tarde sonaron a rebato las campanas del pueblo. Ardía la casa del tío *Rabosa.* Los nietos estaban en la huerta; la mujer de uno de éstos, en el lavadero, y por las rendijas de puertas y ventanas salía un humo denso de paja quemada. Dentro, en aquel infierno que rugía buscando expansión, estaba el abuelo, el pobre tío *Rabosa,* inmóvil en su sillón. La nieta se mesaba los cabellos, acusándose como autora de todo por su

---

[3] **La Guardia Civil** is a paramilitary police force established to keep order in small towns and rural areas. The black tricorn hat which tops their uniform has become a national symbol similar to the matador's cape.

[4] **una vara** linear measure equal to about one yard.

descuido;[5] la gente arremolinábase en la calle asustada por la fuerza del incendio. Algunos, más valientes, abrieron la puerta; pero fue para retroceder ante la bocanada de humo cargada de chispas que se esparció por la calle.

—¡El *agüelo*! ¡El pobre *agüelo*![6] —gritaba la de los *Rabosas*, volviendo en vano la mirada en busca de un salvador.

Los asustados vecinos experimentaron el mismo asombro que si hubieran visto el campanario marchando hacia ellos.[7] Tres mocetones entraban corriendo en la casa incendiada. Eran los *Casporras*. Se habían mirado cambiando un guiño de inteligencia, y sin más palabras se arrojaron como salamandras en el enorme brasero. La multitud los aplaudió al verlos reaparecer llevando en alto, como a un santo en sus andas, al tío *Rabosa* en su sillón de esparto. Abandonaron al viejo sin mirarle siquiera, y otra vez adentro.

—¡No, no! —gritaba la gente.

Pero ellos sonreían, siguiendo adelante: Iban a salvar algo de los intereses de sus enemigos. Si los nietos del tío *Rabosa* estuvieran allí ni se habrían movido ellos de casa. Pero sólo se trataba de un pobre viejo al que debían proteger, como hombres de corazón. Y la gente los veía tan pronto en la calle como dentro de la casa, buceando en el humo, sacudiéndose las chispas como inquietos demonios, arrojando muebles y sacos para volver a meterse entre las llamas.

Lanzó un grito la multitud al ver a los dos hermanos mayores sacando al menor en brazos. Un madero, al caer, le había roto una pierna.

—¡Pronto, una silla!

La gente, en su precipitación, arrancó al viejo *Rabosa* de su sillón de esparto para sentar al herido.

El muchacho, con el pelo chamuscado y la cara ahumada, sonreía ocultando los agudos dolores que le hacían fruncir los labios. Sintió que unas manos tremulas, ásperas con las escamas de la vejez, oprimían las suyas.

—¡*Fill meu*![8] ¡*Fill meu*! —gemía la voz del tío *Rabosa*, quien se arrastraba hacia él.

Y antes que el pobre muchacho pudiera evitarlo, el paralítico buscó

---

[5] **La nieta se mesaba los cabellos, acusándose como autora de todo por su descuido** His granddaughter was tearing her hair, denouncing herself as the author of it all because of her negligence.

[6] **—¡El *agüelo*! ¡El pobre *agüelo*!** ¡El abuelo! ¡El pobre abuelo!

[7] **Los asustados vecinos experimentaron el mismo asombro que si hubieran visto el campanario marchando hacia ellos** The frightened neighbors experienced the same surprise they would have felt if they had seen the bell tower walking towards them.

[8] **—¡*Fill meu*!** Hijo mío! (Valencian dialect).

con su boca desdentada y profunda las manos que tenía agarradas y las besó, las besó un sinnúmero de veces, bañándolas con lágrimas.

Ardió toda la casa. Y cuando los albañiles fueron llamados para construir otra, los nietos del tío *Rabosa* no los dejaron comenzar por la limpia del terreno cubierto de negros escombros. Antes tenían que hacer un trabajo más urgente: derribar la pared maldita. Y, empuñando el pico, ellos dieron los primeros golpes.

EJERCICIOS: Comprensión inmediata

Indicate whether the following statements are true or false according to the story. If they are false, explain why and give the correct answers.

1. Las dos familias pensaban más en el cultivo de las tierras que en el exterminio del vecino.
2. El tío *Rabosa* quedaba inmóvil con las piernas muertas por la parálisis.
3. En los tiempos más recientes acabaron por buscarse y ponerse frente a frente cada vez más.
4. Las mujeres fraternizaban cambiando gestos de amistad desde las ventanas.
5. La pared fue subiendo como una muda manifestación de odio.
6. Una tarde comenzó a arder la casa del tío *Rabosa*.
7. Los *Casporras* habían sido los autores del incendio.
8. Abandonaron al tío *Rabosa* adentro para que muriera entre las llamas.
9. Uno de los mocetones murió atrapado por un madero caído.
10. El viejo le besó las manos al menor de los *Casporras*.

A. *Cuestionario*

1. ¿Cuántos años duraban los odios entre los *Rabosas* y los *Casporras*?
2. ¿Por qué se volvieron enemigos?
3. Después de treinta años de lucha, ¿quiénes quedaron en las dos casas?
4. ¿Por qué no era posible para los hijos ir a tiros en plena plaza, como sus padres?
5. ¿Qué hicieron las dos familias cuando les pareció baja la pared que separaba sus corrales?
6. ¿Por qué sonaron a rebato una tarde las campanas?
7. ¿Dónde estaba el tío *Rabosa*?

8. ¿Quiénes entraron en la casa incendiada y sacaron al tío *Rabosa*?
9. ¿Por qué entraron otra vez?
10. ¿Por qué sacaron los dos hermanos mayores en brazos al menor?
11. ¿Qué le dijo el tío *Rabosa* al muchacho y qué le hizo?
12. ¿Qué tenían que hacer los albañiles antes de comenzar la construc-
ción de la casa nueva?

B. *Discusión y opiniones*

1. Discuta Ud. el sentido simbólico de la pared, tanto antes del incendio
como después.
2. Analice Ud. la motivación de los *Casporras* por entrar en la casa
incendiada. ¿Habría hecho Ud. lo mismo?
3. Considere Ud. el aspecto regional de este cuento. ¿Cuáles son algunos elementos típicos de Valencia? ¿Qué importancia tienen en
el cuento?

C. *Ejercicios de vocabulario*

1. Fill in the blank provided with the synonym from the following list.

la alarma	el fuego
demoler	atacar
la pared	mezclado
insuperable	los desperdicios
el techo	quemado

a. la tapia _____

b. infranqueable _____

c. los escombros _____

d. derribar _____

e. agredir _____

f. chamuscado _____

g. el tejado _____

h. amasado _____

i. el rebato _____

j. el incendio _____

2. Fill in the blank with the appropriate antonym from the following
list.

el amor	distar
detenerse	meter
el enemigo	arrojarse
el desierto	el perdón
reunirse	el cuidado

a. la huerta _____

b. el odio _____

c. el amigo _____

d. el descuido _____

e. aislarse _____

f. apresurarse _____

g. retroceder _____

h. sacar _____

i. la venganza _____

j. lindar _____

3. The suffix -*ón* often indicates increased size, strength, or coarseness when added to a noun. Give the English equivalent of each noun after the addition of -*ón*.

a. mozo	lad	mocetón	_____
b. pared	wall	paredón	_____
c. silla	chair	sillón	_____
d. soltero	bachelor	solterón	_____
e. guapo	good-looking	guapetón	_____
f. hombre	man	hombrón	_____
g. casa	house	caserón	_____
h. puerta	door	portón	_____

D. *Repaso gramatical (verbos reflexivos)*

Taking into account the plot of the story, fill in each blank with the imperfect or preterite form of the appropriate verb from the following list.

insultarse, moverse, interponerse, mirarse, encontrarse, aislarse, arrojarse, huirse, esparcirse, detenerse, aproximarse, sacudirse, meterse

a. La vigilancia de la Guardia Civil _____ entre ellos como un obstáculo infranqueable.

b. Cuando la casualidad ponía a las dos familias frente a frente

_____ o _____ con el gesto.

c. De la casa incendiada salían humo y chispas que _____ por la calle.

d. Los *Casporras* _____ cambiando un guiño y de pronto _____ al enorme brasero.

e. Los mocetones _____ las chispas y de nuevo _____ entre las llamas.

f. Los mozos y yo _____ a la puerta porque el incendio era demasiado intenso.

g. Cuando sonaron a rebato las campanas, yo _____ para ver qué ocurría.

h. Les llamaron a Uds. varias veces pero no _____ para nada.

i. Construyendo una pared, nosotros _____ de nuestros vecinos.

j. ¿Por qué no le pediste perdón cuando _____ con tu vecino?

10

ROSAMUNDA

CARMEN LAFORET

Many fine books may come from a single pen, but a writer's reputation often rests on one masterpiece. When public taste and historical circumstances make this unpredictable phenomenon come at the beginning of a career, however, the author's subsequent works are found somehow to be deficient because they are regularly judged in the light of the earlier resounding success. This is what happened to Carmen Laforet (b. 1921), one of Spain's better known women writers.

Laforet wrote *Nada,* her first novel, when she was only twenty-two, and it immediately received accolades from the critics and "bestseller" status from the public. People liked *Nada* because it captured the spirit of broken hopes and disillusionment that followed the end of the Spanish Civil War. It also captured the most prestigious Spanish literary prize, the Premio Nadal, in the year of its inauguration, 1944.

Nada is the story of Andrea, a girl who moves from the Canary Islands to Barcelona in order to study at the university. While there she lives with her aunts and uncles and loses some of her youthful illusions as she discovers the petty, embittered side of their relationships. Laforet skillfully sets this maturing experience within an atmosphere of drama and mystery that intensifies the conflicts among the family members, each of whom appears to be struggling with his or her individual failure or inadequacy.

Since *Nada* Laforet has published three other novels. Although the critics find admirable qualities in these works—narrative skill and dramatic intensity, for example—none of them has achieved the unanimously favorable reception given to *Nada*.

Another portion of Laforet's literary creation is a number of novelettes and short stories. One of the latter, "Rosamunda," appears in the following pages. In it a plain and unhappy middle-aged woman shares some of her fantasy life with a soldier. The soldier listens politely while thinking the woman to be harmlessly insane. Ironically, the story's ending suggests that the soldier plans to weave a fantasy tale of his own in order to impress his comrades with his prowess as a man of the world.

ROSAMUNDA

Estaba amaneciendo, al fin. El departamento de tercera clase olía a cansancio, a tabaco y a botas de soldado. Ahora se salía de la noche[1] como de un gran túnel y se podía ver a la gente acurrucada, dormidos hombres y mujeres en sus asientos duros. Era aquél un incómodo vagón-tranvía, con el pasillo atestado de cestas y maletas. Por las ventanillas se veía el campo y la raya plateada del mar.

Rosamunda se despertó. Todavía se hizo una ilusión placentera[2] al ver la luz entre sus pestañas semicerradas. Luego comprobó que su cabeza colgaba hacia atrás, apoyada en el respaldo del asiento y que tenía la boca seca de llevarla abierta.[3] Se rehizo, enderezándose. Le dolía el cuello —su largo cuello marchito—. Echó una mirada a su alrededor[4] y se sintió aliviada al ver que dormían sus compañeros de viaje. Sintió ganas de estirar las piernas entumecidas —el tren traqueteaba, pitaba—. Salió con grandes precauciones, para no despertar, para no molestar, "con pasos de hada" —pensó—, hasta la plataforma.

El día era glorioso. Apenas se notaba el frío del amanecer. Se veía el mar entre naranjos. Ella se quedó como hipnotizada por el profundo verde de los árboles, por el claro horizonte de agua.

—"Los odiados, odiados naranjos... Las odiadas palmeras... El maravilloso mar..."

—¿Qué decía usted?

A su lado estaba un soldadillo. Un muchachito pálido. Parecía bien educado.[5] Se parecía a su hijo. A un hijo suyo que se había muerto. No al que vivía; al que vivía, no, de ninguna manera.[6]

—No sé si será usted capaz de entenderme —dijo, con cierta altivez—. Estaba recordando unos versos míos. Pero si usted quiere, no tengo inconveniente en recitar...

El muchacho estaba asombrado. Veía a una mujer ya mayor,[7] flaca, con profundas ojeras. El cabello oxigenado, el traje de color verde, muy viejo. Los pies calzados en unas viejas zapatillas de baile..., sí, unas asom-

---

[1] **se salía de la noche** they were moving out of the night.

[2] **Todavía se hizo una ilusión placentera** She still had a pleasant feeling.

[3] **de llevarla abierta** from having it open.

[4] **Echó una mirada a su alrededor** She took a look around herself.

[5] **bien educado** well-mannered.

[6] **No al que vivía; al que vivía, no, de ninguna manera** Not like the one who was living; like the one who was living, no, in no way whatsoever.

[7] **una mujer ya mayor** a woman already old.

brosas zapatillas de baile, color de plata, y en el pelo una cinta plateada también, atada con un lacito... Hacía mucho que él la observaba.[8]

—¿Qué decide usted? —preguntó Rosamunda, impaciente—. ¿Le gusta o no oír recitar?

—Sí, a mí...

El muchacho no se reía porque le daba pena mirarla.[9] Quizá más tarde se reiría. Además, él tenía interés[10] porque era joven, curioso. Había visto pocas cosas en su vida y deseaba conocer más. Aquello era una aventura. Miró a Rosamunda y la vio soñadora. Entornaba los ojos azules. Miraba al mar.

—¡Qué difícil es la vida![11]

Aquella mujer era asombrosa. Ahora había dicho esto con los ojos llenos de lágrimas.

—Si usted supiera,[12] joven... Si usted supiera lo que este amanecer significa para mí, me disculparía. Este correr hacia el Sur. Otra vez hacia el Sur... Otra vez a mi casa. Otra vez a sentir ese ahogo de mi patio cerrado, de la incomprensión de mi esposo... No se sonría usted, hijo mío; usted no sabe nada de lo que puede ser la vida de una mujer como yo. Este tormento infinito... Usted dirá que por qué le cuento todo esto, por qué tengo ganas de hacer confidencias,[13] yo, que soy de naturaleza reservada... Pues, porque ahora mismo,[14] al hablarle, me he dado cuenta[15] de que tiene usted corazón y sentimiento y porque esto es mi confesión. Porque, después de usted, me espera, como quien dice[16] la tumba... El no poder hablar ya a ningún ser humano...,[17] a ningún ser humano que me entienda.

Se calló, cansada, quizá, por un momento. El tren corría, corría... El aire se iba haciendo cálido, dorado. Amenazaba un día terrible de calor.

—Voy a empezar a usted mi historia, pues creo que le interesa... Sí. Figúrese usted una joven rubia, de grandes ojos azules, una joven apasionada por el arte... De nombre, Rosamunda... Rosamunda, ¿ha oído?... Digo que si ha oído mi nombre y qué le parece.

El soldado se ruborizó ante el tono imperioso.

—Me parece bien... bien.

—Rosamunda... —continuó ella, un poco vacilante.

---

[8] **Hacía mucho que él la observaba** He had been watching her for a long time.

[9] **le daba pena mirarla** looking at her made him feel sorry.

[10] **él tenía interés** he was interested.

[11] **¡Qué difícil es la vida!** How difficult life is!

[12] **Si usted supiera** If you only knew.

[13] **tengo ganas de hacer confidencias** I feel like confiding.

[14] **ahora mismo** right now.

[15] **me he dado cuenta** I have realized.

[16] **como quien dice** so to speak.

[17] **El no poder hablar ya a ningún ser humano** No longer being able to talk to a single human being.

Su verdadero nombre era Felisa; pero, no se sabe por qué, lo aborrecía. En su interior siempre había sido Rosamunda, desde los tiempos de su adolescencia. Aquel Rosamunda se había convertido en[18] la fórmula mágica que la salvaba de la estrechez de su casa, de la monotonía de sus horas; aquel Rosamunda convirtió al novio zafio y colorado en un príncipe de leyenda. Rosamunda era para ella un nombre amado, de calidades exquisitas... Pero ¿para qué explicar al joven tantas cosas?

—Rosamunda tenía un gran talento dramático. Llegó a actuar[19] con éxito brillante. Además, era poetisa. Tuvo ya cierta fama desde su juventud... Imagínese, casi una niña, halagada, mimada por la vida y, de pronto, una catástrofe... El amor... ¿Le he dicho a usted que era ella famosa? Tenía dieciséis años apenas, pero la rodeaban por todas partes los admiradores. En uno de los recitales de poesía, vio al hombre que causó su ruina. A... A mi marido, pues Rosamunda, como usted comprenderá, soy yo. Me casé sin saber lo que hacía, con un hombre brutal, sórdido y celoso. Me tuvo encerrada años y años. ¡Yo!... Aquella mariposa de oro que era yo... ¿Entiende?

(Sí, se había casado, si no a los dieciséis años, a los veintitrés; pero ¡al fin y al cabo!...[20] Y era verdad que le había conocido un día que recitó versos suyos en casa de una amiga. Él era carnicero. Pero, a este muchacho, ¿se le podían contar las cosas así? Lo cierto era aquel sufrimiento suyo, de tantos años. No había podido ni recitar un solo verso, ni aludir a sus pasados éxitos —éxitos quizás inventados, ya que no se acordaba bien; pero...—. Su mismo hijo solía decirle que se volvería loca[21] de pensar y llorar tanto. Era peor esto que las palizas y los gritos de él cuando llegaba borracho. No tuvo a nadie más que al hijo aquél, porque las hijas fueron descaradas y necias, y se reían de ella, y el otro hijo, igual que su marido, había intentado hasta encerrarla.)

—Tuve un hijo único. Un solo hijo. ¿Se da cuenta? Le puse Florisel...[22] Crecía delgadito, pálido, así como usted. Por eso quizá le cuento a usted estas cosas. Yo le contaba mi magnífica vida anterior. Sólo él sabía que conservaba un traje de gasa, todos mis collares... Y él me escuchaba, me escuchaba... como usted ahora, embobado.

Rosamunda sonrió. Sí, el joven la escuchaba absorto.

—Este hijo se me murió. Yo no lo pude resistir... Él era lo único que me ataba a aquella casa. Tuve un arranque, cogí mis maletas y me volví a la gran ciudad de mi juventud y de mis éxitos... ¡Ay! He pasado unos días maravillosos y amargos. Fui acogida con entusiasmo, aclamada de nuevo por el público, de nuevo adorada... ¿Comprende mi tragedia?

---

[18] **se había convertido en** it had become.

[19] **Llegó a actuar** She managed to act.

[20] **¡al fin y al cabo!** after all!

[21] **se volvería loca** she would become crazy.

[22] **Le puse Florisel** I named him Florisel.

Porque mi marido, al enterarse de esto, empezó a escribirme cartas tristes y desgarradoras: no podía vivir sin mí. No puede, el pobre. Además es el padre de Florisel, y el recuerdo del hijo perdido estaba en el fondo de todos mis triunfos, amargándome.

El muchacho veía animarse por momentos a aquella figura flaca y estrafalaria que era la mujer. Habló mucho. Evocó un hotel fantástico, el lujo derrochado en el teatro el día de su "reaparición"; evocó ovaciones delirantes y su propia figura, una figura de "sílfide cansada",[23] recibiéndolas.

—Y, sin embargo, ahora vuelvo a mi deber... Repartí mi fortuna entre los pobres y vuelvo al lado de mi marido como quien va[24] a un sepulcro.

Rosamunda volvió a quedarse triste.[25] Sus pendientes eran largos, baratos; la brisa los hacía ondular... Se sintió desdichada, muy "gran dama"... Había olvidado aquellos terribles días sin pan en la ciudad grande. Las burlas de sus amistades ante su traje de gasa, sus abalorios y sus proyectos fantásticos. Había olvidado aquel largo comedor con mesas de pino cepillado, donde había comido el pan de los pobres entre mendigos de broncas toses. Sus llantos, su terror en el absoluto desamparo de tantas horas en que hasta los insultos de su marido había echado de menos.[26] Sus besos a aquella carta del marido en que, en su estilo tosco y autoritario a la vez, recordando al hijo muerto, le pedía perdón y la perdonaba.

El soldado se quedó mirándola. ¡Qué tipo más raro,[27] Dios mío! No cabía duda[28] de que estaba loca la pobre... Ahora le sonreía... Le faltaban dos dientes.[29]

El tren se iba deteniendo[30] en una estación del camino. Era la hora del desayuno, de la fonda de la estación venía un olor apetitoso... Rosamunda miraba hacia los vendedores de rosquillas.

—¿Me permite usted convidarla, señora?

En la mente del soldadito empezaba a insinuarse una divertida historia. ¿Y si contara a sus amigos que había encontrado en el tren una mujer estupenda y que...?

—¿Convidarme? Muy bien, joven... Quizá sea la última persona que me convide... Y no me trate con tanto respeto, por favor. Puede usted llamarme Rosamunda... no he de enfadarme por eso.[31]

---

[23] **sílfide cansada**   a weary nymph.
[24] **como quien va**   like one who goes.
[25] **volvió a quedarse triste**   she became sad again.
[26] **en que hasta los insultos de su marido había echado de menos**   in which she had missed even her husband's insults.

[27] **¡Qué tipo más raro!**   What a strange character!
[28] **No cabía duda**   There was no doubt.
[29] **Le faltaban dos dientes**   She was missing two teeth.
[30] **se iba deteniendo**   started to stop.
[31] **no he de enfadarme por eso**   I won't be angered by that.

EJERCICIOS: Comprensión inmediata

Read the following incomplete statements. Select the answer or completion that is best according to the story.

1. Rosamunda viajaba
   a. con su familia.
   b. pensando en la danza "pasos de hada".
   c. en un vagón-tranvía.
   d. sobre el plateado mar.
2. El departamento de tercera
   a. era demasiado caro y muy lujoso.
   b. se reservaba para los soldados.
   c. siempre olía a perfumes delicados.
   d. era muy incómodo y olía mal.
3. El cuento tiene lugar
   a. en un día magnífico con sol y muy poco frío.
   b. en un día lúgubre.
   c. en el aeropuerto.
   d. durante una venta de cestas y maletas.
4. Por las ventanillas
   a. los pasajeros podían subir y bajar.
   b. se veía un paisaje estupendo.
   c. se colgaban muchas cestas.
   d. los pasajeros tiraban basura.
5. La gente en el departamento de tercera
   a. era de altos círculos sociales.
   b. dormía.
   c. hablaba en voz alta.
   d. miraba con cuidado a Rosamunda.
6. Rosamunda era
   a. una mujer mayor y gorda.
   b. una joven flaca y fea.
   c. una mujer mayor, flaca y mal vestida.
   d. una bailarina de ballet.
7. Rosamunda estaba convencida de que
   a. nunca volvería a querer a su hijo Florisel.
   b. su esposo tenía corazón y sentimiento.
   c. vivía en un ambiente cerrado rodeada de gente incomprensiva.
   d. su esposo la buscaría para pedirle perdón.
8. Rosamunda contaba su historia
   a. a su hijo vivo y al esposo.
   b. al soldadito.
   c. a los ocupantes del departamento de tercera.
   d. a su hermana Felisa.

9. El marido de Rosamunda
   a. poseía un carácter desagradable.
   b. era el dueño del teatro donde Rosamunda trabajaba.
   c. era hermano de Florisel.
   d. llegó a actuar con éxitos brillantes.
10. Ella prefería el nombre Rosamunda porque
    a. le ayudaba a escapar de la realidad triste y árida de su vida.
    b. era el nombre de su madre.
    c. su esposo opinó que era un nombre mágico.
    d. había matado a su esposo y la policía la buscaba.

A. *Cuestionario*

1. ¿En qué parte del día toma lugar el cuento?
2. ¿A qué olía el departamento de tercera?
3. ¿A dónde salió Rosamunda y con quién habló?
4. ¿Cómo era Rosamunda y qué llevaba?
5. ¿De qué se dio cuenta Rosamunda al hablar con el soldado?
6. ¿Cuál era el nombre verdadero de Rosamunda y por qué lo cambió?
7. Según ella, ¿qué clase de talento tenía?
8. ¿Dónde conoció a su marido?
9. ¿Cómo era su marido y qué profesión tenía?
10. ¿Por qué le cuenta al soldado su historia?
11. ¿Por qué había abandonado su casa Rosamunda?
12. ¿Cómo vivió en la ciudad? Explique Ud.
13. ¿Qué le dijo su marido en la carta que recibió?
14. ¿Qué pensó el soldadito de ella después de escucharla?
15. ¿Por qué la convidó el soldadito?

B. *Discusión y opiniones*

1. El soldadito pensó que Rosamunda era loca. ¿Qué opina Ud.? Explique.
2. Si hay verdad en lo que cuenta Rosamunda, ¿qué parte es verdadera?
3. ¿Qué indica el atavío de Rosamunda?
4. ¿Encuentra Ud. alguna relación entre los nombres de la mujer en el cuento y su realidad y su fantasía?
5. ¿Qué historia piensa contarles a sus amigos el soldado? Si se la cuenta, ¿en qué sentido es semejante a la historia de Rosamunda?

C. *Ejercicios de vocabulario*

1. Complete each of the following sentences with the appropriate form of the *tener* expression.

tener sueño	tener calor	no tener razón
tener años	tener sed	tener ganas de
tener razón	tener frío	tener hambre
tener interés		

a. (I feel like) _____ hacer confidencias.

b. (He was interested) _____ porque era joven y curioso.

c. (We're hungry) _____ ; vamos a un restaurante.

d. Ella dice que (she's not cold) _____ .

e. Uds. (are thirsty) _____ , ¿verdad?

f. (He's hot) _____ .

g. Me he dado cuenta de que Ud. (are right) _____ .

h. Creo que ella (is twenty years old) _____ .

i. Si tú (are sleepy) _____ , duerme aquí.

j. Ellos (are wrong) _____ .

2. Taking into account the plot of the story, complete each sentence with the correct word from the following list.

cabeza	cabello	ojos
dientes	boca	nariz
cuello	manos	pies
pestañas	piernas	

a. Ella se hizo una ilusión placentera al ver la luz entre sus _____ semicerradas.

b. Luego comprobó que su _____ colgaba hacia atrás.

c. Tenía la _____ seca de llevarla abierta.

d. Le dolía su largo _____ marchito.

e. Sintió ganas de estirar las _____ entumecidas.

f. Rosamunda tenía el _____ oxigenado.

g. En los _____ llevaba unas viejas zapatillas de baile.

h. Ella había dicho eso con los _____ llenos de lágrimas.

i. Cuando Rosamunda sonrió, el soldadito notó que le faltaban dos _____ .

j. Rosamunda no llevaba nada en las _____ .

k. Como Rosamunda tenía hambre, su _____ sintió rápidamente el olor apetitoso de las rosquillas.

D. *Repaso gramatical (los verbos* **gustar, importar, interesar, quedar, faltar** *y* **parecer** *con el objeto indirecto)*

Complete each sentence by supplying the appropriate form of the verb in the present tense and the necessary indirect object pronoun.

a. A mí (gustar) _____ las plantas exóticas.

b. A ellos (gustar) _____ la clase.

c. A ella no (importar) _____ trabajar de noche.

d. A nosotros (importar) _____ la respuesta.

e. Creo que a Ud. (interesar) _____ mi historia.

f. A Uds. no (interesar) _____ ir de paseo conmigo.

g. A nosotros sólo (quedar) _____ cinco dólares en el banco.

h. A ti (quedar) _____ un año más para terminar tus estudios, ¿verdad?

i. A Rosamunda (faltar) _____ dos dientes.

j. A nosotros (faltar) _____ mucha ayuda en la oficina.

k. ¿Qué (parecer) _____ a ti el nombre Rosamunda?

l. Estos cuadros (parecer) _____ muy artísticos a él.

VOCABULARY

The following abbreviations are used:

arch.	archaic
aug.	augmentative
coll.	colloquial
dim.	diminutive
f.	feminine
inf.	infinitive
m.	masculine
past p.	past participle
pl.	plural
prep.	preposition

A

a   to, on

abalorio   bead, bead necklace

abandonar   to abandon, leave

abatido   worn out; crestfallen

abierto   open

abochornado   mortified, embar-
rassed

aborrecer   to abhor, hate

abortar   to have a miscarriage,
abort

abotonarse   to button oneself up

abrazar   to embrace, hug

abrigar   to shelter

abrir   to open

absoluto   absolute

absorto   entranced

abstracción   abstraction, concentration

abstracto   abstract

abusar (de)   to abuse; to rape

acabar   to finish, to end; ——
de + *inf.*   to have just +
past p.

acaso   perhaps

acechar   to spy, to watch, to lie
in ambush for

acecho   watching, observation

aceptar   to accept

acequia   irrigation ditch or
trench

acera   sidewalk

acercarse   to come near, approach

acero   steel; weapon

acicate *m.*   spur, goad
aclamar   to acclaim
acogido   welcomed
acomodar   to be suitable; to arrange
acomodarse   to find or settle in a comfortable position
acongojado   anguished, distressed
aconsejar   to advise
acontecimiento   happening
acordarse (de)   to remember
acorde *m.*   chord
acortar   to become shorter
acostar   to lay down
acostarse   to lie down, to go to bed
acostumbrarse (a)   to get accustomed to, to get used to
activo   active
acudir   to attend, to be present; to arrive punctually
acurrucado   curled up like a cat
acusar   to accuse
acusarse   to confess
adelante   forward
ademán *m.*   gesture, look; *pl.* manners
además   besides
adivinar   to guess
admirador   admirer
adolescencia   adolescence
adorado   adored
afecto   affection
afeitarse   to shave oneself
aferrarse (a)   to cling, to hold on to
afición   liking, fondness
aficionado   fond of; fan
afilar   to sharpen
afirmar   to affirm, assert; secure
afortunadamente   luckily
africano   African
afuera   outside
afueras   outskirts, suburbs

agacharse   to bend oneself
agarrar   to hold, catch
agente *m.*   police officer
agitar   to shake, move
agonía   agony
agotar   to run out, exhaust
agradable   pleasant
agradar   to please
agredir   to assault, attack
agua   water
aguamanil *m.*   washbowl, washbasin
agudo   sharp, acute
agüelo   (*coll.* for **abuelo**) grandfather
aguijonear   to goad, prick
ah   oh
ahogo   shortness of breath, choking
ahora   now
aindiado   Indian-like
aire *m.*   air
aislarse   to isolate oneself
ajo   garlic; **ajos y cebollas** swear words
ajustar   to adjust, tighten
ala *m.*   wing
albañil *m.*   mason, bricklayer
albéitar *m.*   blacksmith
alborotado   disturbed; turbulent
alcalde *m.*   mayor
alcoba   bedroom
aldea   small town
alegar   to contend, to allege, to state
alegría   joy, happiness
alejarse   to withdraw, move away
algo   something
alguien   somebody, someone
algún   some
alguno   any, some
alimentación *f.*   food, nourishment
alimento   food
aliviado   relieved

alma soul
almuerzo lunch
alrededor around
alrededores *m. pl.* outskirts, environs
alto high, tall; **en lo** ____ above; **por lo** ____ upward; **en** ____ high up
altura height
aludir to allude, refer to
alzar to raise, lift
allá there
allí there
amado beloved
amagar to feign, simulate
amancebamiento concubinage
amanecer to dawn; to manifest itself, to begin to appear
amanecer *m.* dawn
amar to love
amargar to embitter
amargo bitter
amarillento yellowish
amarrar to tie; to bandage
amasar to knead, to mix
amenazante threatening
amenazar to threaten
amigo friend
amistad *f.* friendship, friend
amo master (of the house), owner
amor love
analfabeto illiterate
anciano old man
anchoveta (*dim.* of **anchoa**) anchovy
anda portable platform, stretcher
andar to walk
andrajoso ragged, tattered
animal *m.* animal
animarse to be encouraged, to cheer up
anochecer *m.* nightfall, dusk

ante in front of, before
antebrazo forearm
antecesor (ra) previous, former
anterior former
antes (de que) before
añadir to add
año year
apagado deadened (sound), faint
aparecer to appear
aparente apparent
apasionado passionate
apearse to dismount (from a horse)
apenas hardly, barely
apetitoso appetizing, delicious
apiadarse (de) to have pity on
aplaudir to applaud
apóstol apostle
apoyar to lean, to support, to rest
apresurarse to hurry
apretar to tighten
aprovechar to be useful, to take advantage of
aproximarse to approach, to come near
apuro difficulty; haste
aquel, aquella that (over there)
aquello that (thing, matter)
aquellos those
aquí here
araña spider
arañar to scratch
araño scratch
árbol *m.* tree
arder to burn
argamasa mortar
arrancar to pull up, to pull out
arranque outburst, fit
arrastrar to drag, to pull
arrastrarse to drag oneself
arreciar to become more intense; to get harder

arreglar to put in order, to tidy up

arremolinarse to crowd around

arriba up, superior, top part, above

arrojar to throw, to hurl

arrugado wrinkled

arte *m.* art

asegurar to assure

aseveración *f.* affirmation

así so, thus, in this manner; —— **como** like

asiento seat

asomarse to look out (through an opening)

asombrado astounded, astonished

asombro astonishment

asombroso astonishing, amazing

áspero rough

asustar to frighten

atacar to attack, to assault

atado tied

atar to tie

atemorizado frightened, scared

atento attentive

atestado packed, stuffed

atrás behind

atreverse to dare

aún still, yet

aunque although, though

ausencia absence

autor author

autoridad *f.* authority

autoritario authoritarian, imperious

avanzar to advance, to move forward

ave *f.* bird

aventura adventure

averiguar to find out

ayudar to help

azul blue

azulenco bluish, blue

B

baile *m.* dance

bajar to lower

bajo low, short

bajo *prep.* under

bala bullet

bandeja tray

bañar to bathe

barato cheap

barba beard

barbado bearded

bárbaro savage, barbarian

barda thatch (on fence or wall)

barra bar, rod, crowbar

barro mud

barrote *m.* thick bar

bastante enough, rather, quite

bastar to be enough, to suffice

baúl *m.* trunk, chest

besar to kiss

beso kiss

bestia animal, beast

bien well, very, fine

boca mouth

bocanada puff of smoke

boina French or Basque cap

bolsillo pocket

bombardino saxhorn

bonito pretty

borde *m.* edge

borracho drunk

bota boot

botella bottle

botón *m.* button

brasero hearth, fireplace, firepan, brazier

brazo arm

brillante brilliant, outstanding

brillo glitter, brilliance

brisa breeze

bronce *m.* bronze

bronco harsh, gruff

brutal brutal; beast

bucear   to delve
bueno   all right, well, OK
bugambilia   bougainvillaea
burla   mockery
burlarse (de)   to seduce, deceive (a woman); to make fun of
busca   search
buscar   to look for, to search
buscarse   to look for one another

C

caballeresco   chivalric, knightly
caballete *m.*   hip, ridge of a roof
caballo   horse
cabello   hair
cabeza   head
cabezal *m.*   small pillow; bolster
cabo   end; corporal; ——— **de cuarto**   corporal of the guard
cacareo   cackling
cacerola   saucepan
cacique *m.*   Indian chief; *coll.* political boss
cada   each, every
caer   to fall
cafetera   coffeepot
cajita   little box
cajón *m.*   large box; drawer
calado   soaking, drenched
caldera   boiler, caldron
calidad *f.*   quality
caliente   warm, hot
calmarse   to calm down
calor *m.*   heat
calzado   wearing shoes
callado   quiet
callarse   to be silent, to stop speaking
calle   street
cama   bed
cambiar   to change, to exchange
camino   path, way, road
camisa   shirt

campana   bell
campanario   belfry
campesino   peasant
campo   field, country
cancel *m.*   inner door to keep out draft
cansado   tired
cansancio   fatigue, weariness
cantar   to sing
cantina   bar
canto   chant, song
cantor   singer
caña   uncured brandy or rum
cañar *m.*   cane thicket
capaz   able, capable
cara   face
carbón   coal, charcoal
carcajada   outburst of laughter; horselaugh
cargadores *m. pl.*   suspenders
cargar   to load; to carry
caritativo   charitable
carne *f.*   meat, flesh
carnicero   butcher
carrera   race
carta   letter
cartón *m.*   cardboard
casa   house
casarse   to get married
casi   almost
casona   a large house
casualidad *f.*   chance, coincidence
catástrofe *f.*   catastrophe
catre *m.*   cot, camp bed
causar   to cause
cautela   caution
cauteloso   cautious
ceja   eyebrow
celestial   heavenly, celestial
celoso   jealous
cementerio   cemetery
cena   supper
cenador *m.*   bower
cencerro   cowbell

centavo cent
centro center
cepillado smooth, polished
cerca nearby; _____ **de** near
to; nearly, approximately
cerco ring, circle
cereza cherry
cerrado closed
cerrar to close
cesta basket
cesto basket
cielo sky, heaven
cielorraso (cielo raso) ceiling
cierto certain, true
cinta ribbon
citado mentioned
ciudad *f.* city
clamar to cry out
claro clear
clausurar to wall-up, to close up
clavar to nail, to pierce
clavo nail
cobarde *m. f.* coward
cobrar to acquire, to get, to collect
cobre *m.* copper
cocina kitchen
coger to take, to seize
colega *m. f.* colleague
colgar to hang, to dangle
colocar to locate, to place, to put
color *m.* color
colorado specious, risqué
collar *m.* necklace
combate *m.* combat
comedido polite; prudent
comedor *m.* dining room
comentar to comment
comentario comment, remark
comenzar to begin, to start
comer to eat
comida food
comisaría police station
comisario police inspector

comité *m.* committee
como as, like, since; _____ **si** as if
compañero companion
compañía company
completamente completely
completo complete; **por** _____ completely
comprar to buy
comprender to understand
comprobar to prove, to verify
con with
concluir to conclude, to finish
condenar to condemn, to sentence
condimentar to season
conducir to lead
conducta conduct
confesión *f.* confession
confianza confidence, trust
confiar to trust
confusamente hazily, confusedly
conmigo with me
conocedor (ra) being aware of
conocer to know
conque so
consecuencia consequence, conclusion
conseguir to obtain, to manage to
consejo advice
conservar to conserve, to keep
construir to build
consumar to consummate
contar to tell, to relate; to count
contemplar to contemplate
contenido contained, restrained; _____ *m.* contents
contestar to answer
continuar to continue
contra against
contradecir to contradict
convencer to convince
convencido convinced
convertir to convert

convertirse to become, to turn into

convidar to invite, to treat

coraje *m.* courage

corazón *m.* heart; **hombre de** _____ brave, generous man

cordal *m.* wisdom tooth

corral *m.* corral

corredor *m.* hall

correr to run; running

corresponder to correspond

cortar to cut

corte *f.* court

cosa thing

coser to sew clothes

costar to cost

cotidiano daily

cráneo head

crearse to create for oneself

crecer to grow

creer to believe, to think

cristalizado crystallized

croar *m.* croaking

cruelmente cruelly, brutally

crujido creak, crackle; grind (teeth)

cuadra stable

cualquier any

cual si as if

cuando when

cuánto how much

cuarto room, chamber

cuatro four

cubierto covered

cuchillo knife

cuello neck, collar

cuenta account, bill

cuento story, tale

cuerpo body

cuestión *f.* reason

cuidado care

cuidadosamente carefully

culebra snake

cultivar to cultivate

cultivo cultivation

cumplido completed

cura *m.* priest

curandero quack, witch doctor

Ch

chambergo broad-brimmed, soft hat

chamuscado scorched

charco puddle

chasquido cracking sound (of something)

chico boy

chiquillo youngster

chiquitín tiny baby, tot

chispa spark

chistar to speak

D

dama lady

dañado damaged

daño damage; **hacer** _____ to harm, to hurt

dar to give; _____**se cuenta (de)** to realize

de of, as

debajo (de) under

deber should, ought to; _____ *m.* duty

decir to say, to tell

declarar to declare

dedo finger

defender to defend

defensa defense

degenerar to degenerate

dejar to leave (something or somebody); to allow; _____ **de** + *inf.* to stop doing something

dejarse to allow oneself

delirante delirious

demás other, rest of the; **lo** _____ the rest

demonio demon, devil

denso thick
dentadura teeth
dentista dentist
dentro (de) in, inside
departamento compartment
deprimente depressing, depressive
derechito straight
derramar to spill
derribar to tear down, to demolish
derrochado wasted, squandered
derrota defeat
desabotonar to unbutton
desafiante defiant
desafiar to dare, to challenge
desamparo abandonment, helplessness
desaparecer to disappear
desarmar to take apart
desatar to untie
desayuno breakfast
descarado shameless, insolent
descargar to unload, to take off, to free
descarnado lean
descarriado misguided
desconcertante disconcerting, puzzling
desconfianza distrust, mistrust
desconocido unknown
descoyuntado dislocated
descubrir to discover
descuido carelessness, neglect
desde from; since
desdentado toothless
desdicha disgrace, misfortune
desdichado unfortunate
desear to wish
desempaquetar to unwrap
desempeñar to carry out
desenmascarar to unmask, to reveal, to expose
deseo desire
desesperación *f.* desperation

desesperado desperate
desesperar to get exasperated
desfacer (*arch.*) to undo
desfondado having the bottom broken
desgarrador (ra) heartrending
deshonra dishonor, disgrace
deshonrar to dishonor
deslizar to let slip, slither
desmayado unconscious, lifeless
desmontar to dismount from
despedirse to take leave
despertador *m.* alarm clock
despertar to wake someone up;
_____**se** to wake up oneself
despierto awake
desplomarse to tumble down
desprecio contempt
después later, then; _____ **de** after
destacar to assign
destapar to take the lid off
destemplado loud
destino destiny, fate
detenerse to stop
determinado definite, specific
detrás behind
devolver to give back, to return
día *m.* day
diálogo dialogue
diario daily
dicho (*past. p.* of **decir**) said
dieciséis sixteen
diez ten
difícil difficult
dificultad *f.* difficulty
dilatarse to extend; to dilate
diligencia diligence; industriousness
dinero money
Dios *m.* God
directo straight
dirigir to guide, direct; _____**se a** to go to, to make one's way to, to direct oneself toward

disculpar   to excuse, to pardon
disgusto   annoyance; quarrel
displicente   unpleasant, disagreeable
dispuesto   arranged; ready
distante   distant, far
distinto   different
distribuido   distributed
divertido   amusing
divino   divine
doce   twelve
docena   dozen
doler   to ache, to hurt
dolor *m.*   pain
dolorido   painful; in pain
doloroso   painful
dominical   dominical, pertaining to Sunday
Don   title for a man (used before the Christian name)
donde   where; at
dorado   golden
dormido   sleepy; asleep
dormir   to sleep
dos   two
doscientos   two hundred
dramático   dramatic
dulce *m.*   candy, sweet
dulzura   sweetness
durante   during
duro   difficult, hard

E

echar   to throw, to dump; to emit, to shoot out; ____se para atrás   to lean backward
Edad Media   Middle Ages
ejercer   to exercise
embestida   attack, assault
embobado   stupefied, fascinated
emborracharse   to get drunk
empezar   to start, to begin
emprender   to undertake
empuñar   to clutch, to grip

encaminarse   to set out for
encargado   in charge
encender   to light
encendido   lit, lighted
encerrar   to shut in, lock up; ____se   to shut oneself up
encima   on top, above
encina   oak
encontrar   to meet, to find; ____se   to be, to be found
encuentro   encounter, meeting
enderezarse   to straighten oneself up
enemigo   enemy
enfermo   sick, ill
enfrente (de)   opposite, in front of
engullir   to gulp down, to gobble
enjuto   thin, lean
enorme   enormous
enredadera   creeping plant, climbing plant
enredar   to entangle
enrollarse   to coil, to wrap
enroscarse   to coil, to twist
ensangrentado   stained with blood
enseñar   to teach
ensillar   to saddle
ente *m.*   being
entender   to understand
enterarse   to find out
entonces   then
entornado   half-closed, ajar
entornar   to half-close
entrar   to enter
entre   between, among
entreabrir   to open slightly, to set ajar
entregar   to deliver; ____se   to surrender, to give in
entretener   to entertain
entreverar   to clash in hand-to-hand battle

entrometido intruder; meddlesome

entumecido numb, swollen

entusiasmo enthusiasm

envolver to wrap, to cover

envuelto wrapped

esa that

escalar to climb up

escama scale, flake

escándalo scandal

escandaloso scandalous, noisy

escapar to run away, to escape

escopetazo gunshot

escribir to write

escrúpulo scruple

escuchar to listen

escudriñar to scrutinize

escupidera spittoon

ese that

esforzarse to make an effort

esfuerzo effort

eso that

esos those

espacio place, space

espantoso frightening

esparcir to spread, to scatter

esparto esparto grass (plant)

espera waiting, expectancy

esperar to wait; to hope, to expect, to await

espiar to spy upon

espíritu *m.* spirit

esposo husband

espuela spur

esquina corner

estación station; season

estar to be; _____ **por** to favor

éste this one, the latter

estilo style

estirar to stretch

esto this

estorbar to obstruct, to annoy, to hinder

estrafalario (*coll.*) outlandish, eccentric

estrechez *f.* privation, austerity

estrellarse to smash, to crush

estremecer to shock, to make tremble, to quiver (with fear)

estribillo refrain, chorus

estufa stove

estupendo wonderful

evitar to avoid

evocar to evoke, to recall

excelente excellent

exceso excess

exclamar to exclaim

exigir to demand

éxito success

expansión expansion; relaxation

experimental experimental

experimentar to experience

explicación *f.* explanation

explicar to explain

exquisito exquisite, perfect

exterminarse to exterminate oneself or one another

extinguirse to become extinct; to extinguish, to quench

extraño strange, foreign

extremar to carry to an extreme

F

fácil easy

facón *m.* large knife

faltar to lack

fama fame

familia family

fantástico fantastic

favor *m.* favor; **por** _____ please

feliz happy

fiera wild beast

fierro (*arch.*) iron

figura figure

figurar to figure, to imagine

fijo fixed; firm

filoso sharp

filosófico philosophical

fin *m.* end; **al** ____ at the end, at last; **dar** ____ **a** to finish off; **por** ____ at last

firme firm, steady

flaco thin (people and animals)

florear to bloom

fonda restaurant, eating house

fondo bottom, background, rear

forastero stranger, foreigner, outsider

formar to form

fórmula formula

fortuna fortune

franco free, unimpeded; frank

fraternizar to fraternize

frecuentar to frequent, to visit often

frecuente frequent

frente (a) in front of; ____ *f.* forehead; ____ **a** ____ face to face

fresa drill, milling tool

frío cold

fruncir to purse (lips)

fuerte strong; hard

fuerza power, strength; **a** ____ **de** by dint of, because of

fugitivo fugitive

función *f.* function

funcionario official

fundar to found

furia rage, anger

furioso furious

G

gabinete *m.* office

galope *m.* gallop

gallina hen, chicken

gallinazo turkey buzzard

gallo rooster, cock

gamonal *m.* boss, chief

gana desire; **de buena** ____ willingly

garganta throat

garra claw

gasa gauze

gasolina gasoline

gatillo dentist's forceps

gaveta drawer

gemir to groan, to moan, to wail

gendarme *m.* policeman

generación *f.* generation

gente *f.* people

gesto gesture

girar to turn around, to revolve

glacial icy, freezing; unfriendly

glorioso glorious

golpe *m.* blow, hit, knock

golpear to hit, to strike, to bang, to pound

gota drop

gozar to enjoy

gran great, big

grande big, large, great

gratuito free

grave serious

gritar to shout, to yell, to scream

grito scream, shout, cry

grueso stout, heavy, thick

guardar to keep

Guardia Civil a special Spanish police force

guardián *m.* guard

guerrera high-buttoned tunic, jacket

guiño wink

guitarra guitar

gusano worm

gustar to like (i.e., to be pleasing to)

H

haber to have; there is, there are; **haber** *m.* property, possession

habitación *f.* room

habituado accustomed
habla *m.* speech
hablar to speak
hacer to do, to make; ____se to become
hacia toward
hada fairy
halagado flattered, treated with affection
hallarse to be present, to be found
hambriento hungry
hasta till, until, as far as; even
hay there is, there are
hecho *past p.* done, made; *m.* act, deed; fact
helado very cold, icy, freezing
heliotropo heliotrope
herido hurt, wounded
hermana sister
hermano brother
herméticamente hermetically
héroe *m.* hero
herrador *m.* blacksmith, horse-shoer
herradura horseshoe
hervido boiled
hervir to boil
hijito little son
hijo son
hinchado swollen
hipnotizado hypnotized
hipócrita *m. f.* hypocrite
histérico hysterical
historia history; story
hoja leaf
hombre man
honestamente honestly
honor *m.* honor
hora hour
horizonte *m.* horizon
hueco hole
huella track, mark
huérfano orphan
huerta orchard; irrigated region

hueso bone
huesoso bony
huésped *m.* guest
huevo egg
huir to run away
humano human
húmedo humid, damp, moist
humilde humble
humo smoke

I

ídolo idol
ignorar to ignore
igual the same, equal; ____ que the same as
imaginar to imagine; ____se to imagine
impacientado made impatient
impaciente impatient, anxious
imperioso imperious, arrogant
importar to matter; ____le a uno to care
importuno importune, importunate
imposibilidad *f.* impossibility
impulso impulse
incendiado on fire, burning
incendio fire
inclinarse to bow, to bend, to stoop down
incluso including
incómodo uncomfortable
incomprensión *f.* lack of understanding, incomprehension
incomunicado in confinement
inconveniente *m.* inconvenience
inculto unrefined, uncouth
indescriptible indescribable
indiferencia indifference
indispensable indispensable, essential
individuo individual
infierno hell, inferno
infinitamente infinitely, forever

infinito infinite, limitless
inflamarse to catch fire, to burst into flames
infranqueable unsurmountable
inmóvil immobile, motionless
inofensivo harmless, inoffensive
inquieto restless
insinuante insinuating
insinuarse to insinuate oneself (into someone's confidence)
inspector *m.* inspector
inspirado inspired
instalar to install
instrumento instrument
insultar to insult
inteligencia intelligence
inteligente intelligent
intentar to attempt
interesar to interest
intereses *m. pl.* possessions
interior inside, interior
interponerse to intervene
interrumpido interrupted
intraducible untranslatable, indecipherable
intransitabilidad impassability
inútil useless
inventado invented, made up
inventar to invent
invocar to appear; to call
involuntariamente involuntarily
ir to go; ____se to go away
italiano Italian
izquierdo left

J

jactancia arrogance, boasting, bragging
jadeante panting
jardín *m.* garden
jefe *m.* chief, boss
Jesús Jesus
jinete *m.* horseman
joven *m. f.* young person

jugar to play
juguetón playful, frisky
junco rush, bulrush
junto (a) near, next to; ____ **con** together with
jurar to swear, declare upon oath
justiciero just, fair
juventud *f.* youth (age between adolescence and maturity)

L

la it, her; the
laberinto labyrinth
labio lip
laborioso painstaking
labrador farm laborer, peasant, farmer
lacito little bowknot
lacónicamente laconically, briefly
lado side
ladrillo brick
lágrima tear
lamento lament, moan, wail
lámpara lamp
lana wool, yarn
lanzar to hurl; ____se to throw oneself
largo long
latón *m.* brass
lavadero washing place, laundry
lavar to wash; ____se to wash oneself
le him, her, it
lector(a) reader
lengua tongue
lentitud *f.* slowness
lento slow
leña wood, kindling
les them
levantar to raise; ____se to get up

ley *f.* law
leyenda legend
librarse (de) to avoid; to get rid
  of
limitar to restrain
limosna charity, alms
limpia cleaning, cleansing
limpiar to clean
limpio clean
lindar to adjoin
listo ready
lo him, it
loco crazy
locomotora locomotive
lomo back, loin
loza porcelain
lucha fight, struggle
luego later
lugar *m.* place
lúgubre gloomy
lujo luxury
luna moon
luz *f.* light

Ll

llama flame
llamado call
llamar to call
llanto weeping, crying, sobbing
llanura plain
llave *f.* key
llegada arrival
llegar to arrive
llenar to fill
llenarse to get filled with
lleno full
llevar to take, to carry; to wear;
  to have been
llevarse to take away
llorar to weep, to cry
llover to rain
lluvia rain
lluvioso rainy

M

machete *m.* machete, cutlass
machetear to strike or wound
  with a machete
madera wood
madero log, beam
madreselva honeysuckle
madrugada early morning,
  dawn
madrugador early riser
maestro Master (Jesus); teacher
mágico magic
magnífico magnificent, wonderful
majar to pound, to crush
mal bad, badly
maldito cursed, damned
maleta suitcase, valise
malo bad
mandado errand
mandar to order, to command
manejo management, handling
manga sleeve
manguera (water) hose
manifestar to manifest, to show,
  to express
mano *f.* hand
mantenerse to keep oneself, to
  support oneself
maña skill, dexterity
mañana *f.* morning
mapaná bush master or fer-de-
  lance (very poisonous snake)
máquina machine, sewing machine
mar *m.* sea
maravilloso marvelous
marca brand, kind
marcado stressed, marked, pro-
  nounced
marcar to mark
marcha march, walk
marchar to walk, to proceed, to
  come along

marcharse to go away, to depart
marchito withered, faded, languid, weak
marido husband
mariposa butterfly
marras long ago; **de** _____ mentioned before
martillar to hammer
martillo hammer
mas but
más more, again; _____ **allá de** farther than, beyond; _____ **bien** rather
matador killer
matar to kill
matrimonio marriage, matrimony
mayor larger, bigger, older, greater
medio middle, center; means
mejilla cheek
mejor better; **el** _____ best
mendigante beggar
mendigo beggar
menor smaller, littler, younger; **el** _____ the least, the youngest
menos less; least; **por lo** _____ at least
mente f. mind
menudo unimportant; **a** _____ frequently, often
mercado market
merendar to have a snack
merienda snack
mes m. month
mesa table; _____ **de trabajo** work table
mesada monthly payment
mesarse to tear one's hair
meter to introduce, to put into, to go inside
mezclado mixed
miedo fear
mientras while
mil thousand

milagro miracle
militar military
mimado spoiled, pampered
minuto minute
mío mine, my
mirada look, attention
mirar to look at
mis my
misa mayor High Mass
mismito the very same one
mismo the same, himself, herself
mitigar to mitigate, to alleviate
mocetón m. strapping lad
modelo model
modesto modest
modificación f. modification
mohoso mildewy, moldy
molestar to bother
momento moment
monada cute little thing
moneda coin
mono cute
monotonía monotony
montado mounted
montaña mountain
montar to mount, to ride
montón m. heap, pile
montura harness, saddle
monumento monument
morar to dwell
mordedura bite
morder to bite
moreno dark, brunet, black
morir to die
moro Moorish
morral m. knapsack, feed bag
mostrador counter
mostrar to show
mota mote, speck; fluff enclosing cotton seeds
mover to move
movimiento movement
muchachito little boy
muchacho boy, youngster

mucho   much
mudo   mute
mueble *m.*   furniture
muela   molar (tooth)
muerte *f.*   death
muerto   (*past. p.* of **morir**) died
muerto   dead
mugir   to moo, to bellow
mujer *f.*   woman, wife
mulo   mule
multitud *f.*   multitude
mundo   world
municipio   municipality
muñeca   wrist
murmurar   to murmur, to whis-
per
muro   wall, rampart
músculo   muscle
música   music
muy   very

N

nacer   to be born
nada   nothing
nadie   no one, nobody
naranjo   orange tree
narrar   to narrate
naturaleza   nature
necesidad *f.*   need
necesitar   to need, to require
necio   foolish, stupid
negocio   business
negro   black, dark-skinned
ni   neither; either; _____ ... _____
neither . . . nor
nieto   grandson
ninguno   nobody; none, not one
niño   kid, child
noche *f.*   night
nombrar   to name
nombre *m.*   name
normalidad *f.*   normalcy
notable   distinguished
notar   to notice

novela   novel
novio   fiancé
nuestro   our
nuevo   new; **de** _____ again
número   number
nunca   never

O

oblicuo   oblique
obligar   to oblige
obra   deed, work
observar   to remark; to observe
obstáculo   obstacle
obstante   standing in the way; **no**
_____ notwithstanding, nevertheless
obstinación   obstinacy, stubborn-
ness
ocasión *f.*   occasion; **de** _____
provisional
ocultar   to hide, to conceal
ocupación *f.*   occupation, task
ocupado   busy
ocuparse (de)   to attend to; to be
in charge of
ocurrir   to occur, to happen
ochenta   eighty
odiado   hated, disliked
odiar   to hate
odio   hatred
ofendido   offended
ofensa   offense
oír   to hear
ojera   dark circle under the eye
ojo   eye
oler   to smell
olor *m.*   smell
olvidar   to forget
olvido   forgetfulness
ondular   to undulate
onza   ounce
operar   to operate
oportunidad *f.*   opportunity
oposición *f.*   opposition

opuesto opposite
orden *f.* order, command; _____
m. order (e.g., word order)
ordenar to order, command; to
arrange
ordinario ordinary
orgullo pride
orilla bank (of a river)
orinalito small urinal
oro gold
osar to dare
oscurecer to get dark
oscuro dark, obscure
otoño autumn
otro other, another
ovación *f.* ovation
oxigenado bleached

P

paciencia patience
padre *m.* father
padrino godfather
pagar to pay
pago village, region, estate; payment
pagochiquense *m. f.* belonging
to **Pago Chico**
paja straw
palabra word
paladear to savor, to taste
palenque *m.* fence
pálido pale
paliza beating
palmera palm tree
palmo span (8 inches)
pan *m.* bread
pantalones trousers
pañuelo handkerchief
para for, in order to; ¿ _____
qué? what for?
parálisis *f.* paralysis
paralítico paralytic
parar to put upright; to stop;
_____**se** to stop (oneself)

parecer to seem; _____**se a** to
look like
pared *f.* wall
paredón *m.* large thick wall
pariente *m. f.* relative
parpadeo *m.* blinking, winking
parroquiano customer
parte *f.* part, share
partir to leave, to depart
pasado past, gone by
pasador *m.* door or window bolt
pasar to pass, to spend time; to
happen
pasillo passage, corridor
paso step
pasto grass
patio yard, patio
patrón *m.* owner, boss
pausa pause
pavor *m.* terror, fear, fright
paz *f.* peace
pecador (ra) sinner
pecho chest
pedalear to pedal
pedazo a piece
pedir to ask for
pegar to hit, to strike; _____ **un**
tiro to shoot
peinar to comb
pelo hair
pellejo skin, hide
pendiente *m.* pendant, earring
penetrante penetrating
penetrar to penetrate
pensamiento thought
pensar to think
pensativo thoughtful, pensive
peón *m.* laborer, worker
peor worse
pequeño small, little; small child
perder to lose; _____ **de vista**
to lose sight of
perdido lost
perdón *m.* pardon, forgiveness
perdonar to pardon, to forgive

peregrino pilgrim
perentoriamente pressingly, peremptorily
pereza laziness, slowness
periódico newspaper
permitir to allow
pero but
persecución *f.* persecution
perseguir to chase, to run after, to pursue; to persecute
persona *f.* person
personaje *m.* character
personal *m.* personnel
personalidad *f.* personality
perspicaz keen-sighted, perspicacious
pesadilla nightmare
pesado heavy
pesar *m.* grief, sorrow; **a ___ de** in spite of
pescador *m.* fisherman
peseta basic monetary unit of Spain
pestaña eyelash
picadillo minced meat
pícaro roguish, crooked
pico pickax
pie *m.* foot
piedra stone, rock
pierna (human) leg
pieza piece (of jewelry, furniture, etc.); room
pino pine
pinzas tweezers, pliers
piso floor
pitar to whistle
placentero agreeable, pleasant
plan *m.* plan
planilla payroll
planta plant
plata silver; money
plataforma platform
plateado silvery
plaza plaza, town square

plebeyote *m. (aug.* of **plebeyo)** plebeian
pleno full, complete; **en ___** in the middle of
plomo bullet, lead
pobre poor, the poor thing
poco little; **___ a ___** little by little; **pocos** a few
poder to be able to, can; **___** *m.* power
poesía poetry
poetisa poetess
policial *m.* policeman
político political; politician
polvoriento dusty
pomo little bottle, flagon (for perfume, etc.)
poncho poncho, cloak
poner to put; **___se** to put on, to become; **___se de pie** to stand up
por by, for
porcelana porcelain
porción *f.* portion
porque because
portero doorkeeper
postizo false; detachable
postrado weakened
precaución *f.* precaution
preceder to precede
precipitación *f.* precipitation, haste
predicar to preach
preferir to prefer
preguntar to ask
prenda garment, article of clothing
preocupación *f.* worry
preparar to prepare
presencia presence
presente *m.* present (time)
presentir to have a presentiment of
presión *f.* pressure

preso prisoner
prestigio prestige
pretender to pretend, to try to get, to seek
pretensión *f.* claim, aspiration
primer first
primero first
principal main; _____ *m.* first floor (in Spain)
príncipe *m.* prince
prisa haste, hurry
prisión *f.* prison
probado proved, demonstrated
probar to try, to haste, to prove
profundamente deeply, profoundly
profundo profound, deep; dark (color)
pronto quick, fast; soon; **de** _____ suddenly
propicio favorable, propitious
propio own
proporción *f.* proportion
proseguir to continue
protector *m.* protector
proteger to protect
proyectarse to fall (a shadow), to be cast
proyecto project
prueba trial, test
público public; audience
pueblecito little village
pueblo town, village
puente *m.* bridge
puerta door
pues since, because, for, then, well, as
pulir to polish
pulpería general store
pulpero grocer, storekeeper
pulular to abound, to swarm
punta tip (of something)
punto point, dot; **a** _____ **de** about to
puñado handful

puñalada a stab with a dagger or knife

Q

que but; that; who; **lo** _____ what, that which
quedar to remain, stay; _____**se** to be; to remain, to stay
quehacer *m.* chore, task
quejarse to complain
quejumbroso plaintive, whining, grumbling
quemado burned
querer to want, to love
quien who
quitarse to take off (e.g., clothing)
quizá maybe

R

rabo tail
raído frayed, worn out
rama branch
rancho thatched hut
rápidamente rapidly, fast
raptar to abduct
rapto abduction
raro strange
rasgo feature
rasgueo strumming
rato while, short time
raya line, stripe; **a rayas** striped
rayar to line, to scratch
realidad *f.* reality
realizar to carry out
realmente truly, really
reaparecer to reappear
reaparición *f.* reappearance, comeback
rebato alarm, commotion
rebenque *m.* whip
recibir to receive

recital *m.* recital
recitar to recite
recobrar to recover, to regain, to retrieve
recoger to pick up, to gather
recomendar to recommend
reconocer to recognize
recordar to remember
recorrido trip, journey
recuerdo memory, recollection
recular to go backwards
recuperar to recuperate
recurrir to resort to, to appeal to
red *f.* net
redimir to redeem
redondo round, roundish
reducidísimo very reduced
reducirse (a) to boil down to
refleccionar (reflexionar) to reflect, to meditate
reforzar to reinforce, to strengthen
refugiarse to take refuge
refunfuñar to grumble, to mutter angrily
regalar to give, to present, to treat
regar to water
región *f.* region
reglamentario prescribed by rules or bylaws
regresar to return, to come back
regreso return
rehacerse to pull oneself together
reír to laugh; _____**se** to laugh
reiterar to reiterate, to repeat
relampaguear to flash with lightning
remirar to look again, to look intensely
rencor *m.* animosity, grudge, rancor, ill will

rendija slit, crevice, crack
reñir to fight, to quarrel
reparar to notice, to perceive
repartir to distribute
repentino sudden
repetido repeated
repetir to repeat
replicar to reply, to answer
reponer to reply, to retort
reprimir to repress
reservado reserved
resistencia resistance, opposition
resistente resistant
resistir to resist
resolver to resolve, to decide
resonar to resound
resorte *m.* spring
respaldo back (of a seat)
respeto respect
respiración *f.* respiration
respirar to breathe; **el** _____ respiration, breathing
resplandecer to shine, to gleam
respuesta answer
retener to retain
retirar to withdraw
retroceder to go back, to draw back, to retrocede
revoltoso rebellious; agitator, troublemaker
revólver *m.* revolver, gun
ribazo mound, bank, slope
riego irrigation, watering
rígido rigid, stiff
rigor rigor, severity
rincón *m.* corner
riña fight, dispute
riñón *m.* kidney
risa laughter
risotada boisterous laughter
risueño pleasant, cheerful
rodar to roll, to rotate
rodear to surround
rojo red

romper   to break
ropa   clothes
rosquilla   ring-shaped pastry
rubio   blond
ruborizar   to blush
rudo   rough, unpolished
rugir   to roar
ruido   noise
ruina   downfall, decline; ruin
rumbo   course, direction
rural   rural
ruta   route

S

sábana   bed sheet
saber   to know
sabido   known
sabiendas: a ____   knowingly
sabroso   delicious
sacar   to take out, to pull out; to strip off, to tear
saciarse   to become satiated
saco   bag, sack
sacudir   to shake
sal *f.*   salt
salamandra   salamander
salida   coming out, leaving, exit
salir   to come out, to go out, to get out, to leave
salita de espera   small waiting room
salpicadura   splashing, spatter
saltar   to jump, to leap
salud *f.*   health
saludar   to greet
saludo   greeting
salvador (ra)   savior, saver
salvaje   savage
salvar   to save; ____**se**   to save oneself
salvo   except
sangrar   to bleed
sangre *f.*   blood

santo   saint
sapo   toad
sarcástico   sarcastic
sebo   fat, grease
secarse   to dry oneself
seco   dry
sed *f.*   thirst
seguir   to continue, to follow
según   according to
selva   forest
semblante *m.*   countenance, face; look
semicerrado   half-closed
senda   path, trail
sendos   each, one each
sentado   seated
sentar   to seat; ____**se**   to sit down
sentenciar   to pass judgment on
sentimiento   feeling, sentiment
sentir   to feel; to regret; to sense
seña   sign
señal *f.*   sign
señor *m.*   sir, mister, master, lord
separado   separated
separarse   to separate
sepulcro   sepulcher
ser   to be; ____ *m.*   being
serenarse   to calm down
serenata   serenade
seriedad *f.*   seriousness, gravity
serpiente *f.*   serpent
servir   to serve; ____**se de**   to use, to make use of
si   if
sí   yes
siempre   always
siete   seven
significar   to signify, to mean
silencio   silence
silencioso   silent, quiet
silueta   silhouette
silla   chair
sillón *m.*   armchair, easy chair
sin   without

sin embargo however, notwithstanding
siniestro sinister, evil, wicked
sinnúmero endless number
sino but
siquiera even
sistema *m.* system
sitio place
situación *f.* situation, state
situarse to take one's stand; to
  situate oneself
sobre on, on top of, above, over
sobresueldo extra pay
sobre todo above all
soez crude, vulgar
sofocado suffocated
sol *m.* sun
solamente only
soldadillo a young soldier
soldado soldier
soledad *f.* solitude, loneliness
soler to be in the habit of, to be
  accustomed to
solo alone, single
sólo only
soltar to let go, to let out (a cry,
  sigh, etc.)
sombra shade, shadow
sombrero hat
sonar to sound
sonreír to smile
sonrisa smile
soñador dreamy, dreaming;
  dreamer
soñoliento somnolent, drowsy
soportar to bear, to put up with
sórdido sordid
sordo deaf
sorpresa surprise
sospechar to suspect
sostenido sustained, supported
su its, his, her, your, their
suavemente gently, softly
subalterno subordinate

subir climb up, go up; to increase
suceder to occur, to happen
suceso event, happening
sucio dirty
sudor *m.* sweat, perspiration
sudoroso sweaty, perspiring
suelo ground, floor
sueño sleep, dream
suerte *f.* luck; sort, kind
sufrido patient, suffering
sufrimiento suffering
sufrir to suffer
suicida suicidal
sujetar to bring or put under
  control
sumar to add
supersticioso superstitious
suplicar to implore
sur *m.* south
suscitar to cause, to provoke
suspiro sigh, breath
suyo its, his, her, your, their

T

tabaco tobacco
tabla board, plank
tablero metal sheet
taciturno taciturn, reserved
tal such; ——— **vez** maybe
talento talent
talmente thus, in this manner
talón *m.* heel
también too, also
tampoco neither, either
tan so, as
tantear to examine, to test, to
  scrutinize
tanto so much; **en** ——— **que**
  while
tantos so many

tapia   mud wall, adobe wall
tardar   to be long, to be late
tarde *f.*   afternoon
tarde   late; **más** ____ later
tarea   task, job
tartamudear   to stutter
teatro   theater
tejado   roof
tela   cloth, fabric
telaraña   cobweb
temblar   to tremble
tembloroso   trembling, shaking
temer   to fear, to be afraid of
temprano   early
ténder *m.*   tender (railway)
tender   to floor; to stretch out, to extend (one's hand); ____**se** to lie down
tendido   lying down
tenebroso   dark, gloomy, tenebrous
tener   to have
tenida   meeting
teniente *m.*   lieutenant
tercero   third
tercio   pack (each of two carried by beasts of burden)
terminado   finished, over
terno   curse
ternura   tenderness
terreno   a plot of land, ground
terrible   terrible
terror *m.*   terror
tibio   lukewarm, tepid
tiempo   time
tiempos   times, days
tienda   shop, store
tierno   tender
tierra   land, soil; world
tigre *m.*   tiger
tío   uncle
tirarse   to throw oneself
tiro   shot
título   title
todavía   still, even

toditos   the whole, every one of them
todo   all, everything
todos   everybody, everyone
tomar   to take
tono   tone
tormento   torment, torture, anguish
torno   bend, turn; **en** ____ **a** about, in connection with, regarding
toro   bull
torre *f.*   tower
tortura   torture
tos *f.*   cough
tosco   coarse, unrefined
totalmente   totally, completely
trabajar   to work
trabajo   work
trabarse   to become locked (in a fight)
traer   to bring; to cause
tragedia   tragedy
traje *m.*   dress, suit
trajín *m.*   chore, work
tranca   club, pole
tranquilo   tranquil, calm; **al** ____ quietly
transcurrir   to pass, to elapse
transido   torn (with pain)
trapo   rag
traquear   to rattle
tras   behind
tratar   to try, to attempt; to treat; ____**se de** to be a question of
través   slant; **a** ____ **de** through, across
trecho   distance
treinta   thirty
trémulo   tremulous, shaking, trembling
tren *m.*   train
trepar   to climb
tres   three

triste sad
triunfo triumph
tropezar con to stumble against, to trip over
trote *m.* trot
trotecito a little trot; **al** ——— very quickly
truco billiards
tuerto one-eyed
tumba tomb, grave
túnel *m.* tunnel
túnica robe, gown; tunic

U

umbral threshold
únicamente only
único only, unique
uno one
unos some
uña fingernail
urgente urgent

V

vacante nonexistent; vacant, unoccupied
vacilante hesitant
vacío emptiness
vagón-tranvía *m.* electric train car
vaina (*slang*) nuisance, problem, bother, thing
valiente courageous, brave
vano vain
vara Spanish linear measure (.84 meter)
varios several
vaticinar to predict
vecindario neighborhood
vecino neighbor
veinte twenty
veintitrés twenty-three
vejete *m.* comic or ridiculous old man

vejez *f.* old age
vela candle
velar to hold a wake (over a dead person); to stay awake
vencido overcome, defeated
vendedor (ra) seller
vender to sell
venganza revenge
venir to come
ventana window
ventanal *m.* large window
ventanilla small window
ver to see; ———**se** to see oneself, to find oneself
verdad *f.* truth
verdadero true, real
verde green
verídico true, truthful
verso verse, line
vestir to dress
vez *f.* time; **a la** ——— at the same time; **otra** ——— once again; **en** ——— **de** instead of
viaje *m.* trip, voyage
viajero traveler
víctima victim
vida life
vidriera show window, showcase
viejo old; old man
viento wind
vientre *m.* abdomen, belly
vigilancia watchfulness
vigilante *m.* officer, policeman
vigilar to watch
violador rapist
violencia violence
violentamente violently
violeta violet
virginidad *f.* virginity
virtuoso virtuoso; virtuous
vislumbrar to see vaguely, to catch a glimpse of
vista sight
visto seen

viuda widow
vivir to live
vocerío uproar, din
volver to return, to turn; _____
  a + *inf.* to do something
  again; _____**se** to turn, to become
voz *f.* voice

Y

ya already; _____ **no** + *verb* no
  longer

yerba grass, hay; maté (Para-
  guayan tea)
yeso plaster
yunque *m.* anvil

Z

zafio uncouth, rough
zamacuco (*coll.*) crafty person,
  artful dodger
zapatilla slipper
zapato shoe
zorro fox
zurdo left-handed